太郎の嫁の物語

三浦暁子

ビジネス社

太郎の嫁の物語　目次

第一章　まずは、夫・太郎

第二章

次に、祖父・逸雄と祖母・小イシ

第三章 そして、義父・三浦朱門

第四章

それから、義母・曽野綾子

第五章
最後に、私たち家族

本書の「節分の日に、義父は逝った」は、月刊「カトリック生活」（二〇一七年四月号）に発表されたものです。

第一章

まずは、夫・太郎

五〇年経ってもわからない人、それは……夫

私は結婚して四三年になる。

振り返ってみると、けっこう長い歳月だ。まして、今は夫となった三浦太郎と初めて会ったのは、私がまだ一五歳のときだったのだから、五〇年もの間、彼を知っていることになる。

それにしても五〇年、これは長い。

私たちは高校の同窓生で、私が高校に入学したとき、彼は二年上の三年生だった。そのため、私は長いこと彼を「ミウラセンパイ」と、呼んでいた。人間の習性とはおそろしいもので、六六才になった今もなお、私にとって、彼は夫というより、「先輩」として家庭に君臨している。もっとも、ひとり息子の太一が独立し、結婚して別の所帯を持った今、我が家の構成員は私と夫の二人だけだ。夫からしたら、君臨する相手は私一人ということになる。彼は子分が私だけなのを情けなく感じているだろう。

半世紀にわたって付き合ってきたのに、私はいまだに夫のことがよくわからない。毎日が驚きの連続だ。「げっ!」と、実際に声に出してのけぞることもしょっちゅうだ。

第一章
まずは、夫・太郎

我が夫ながら、三浦太郎という人は、まったくもって驚くようなことを言ったり、したりする。それも毎日、いや、毎時間、いえいえ、ときには毎分ごとに……。まったく息つく暇もない。

夫婦というものは長年連れ添ううちに、穏やかな毎日を送るようになるものだと勝手に思っていたのだが、それは大きな間違いだったようだ。とりわけ、夫が四〇年間近く続けた大学教員の職を辞してからというもの、さらに驚くことが増えている。

いきなり「俺、大学、辞めてきた」

現在、夫は「職業は年金生活者」と宣言し、のんびりとした夫婦二人の暮らしを始めたと考えているらしい。しかし、妻の私はのんびりしてはいられない。結婚して初めて、毎日、朝から晩までべったりと一緒に過ごすようになったからだ。ましてや折からのコロナ禍。巣ごもり生活が続き、食事も三食、家で食べる。当然、「げっ!」の回数は増すばかりだ。

考えてみると、これまで一日を通してずっと二人一緒にいたことはあまりなかった。旅行中をのぞけば、お互いにするべきことが多く、それぞれに忙しい毎日だった。たとえ同じ家にいても、夫は書斎にこもって何やらごそごそしていたし、私は私で、家事や仕事に追われていた。「あ、いたの」という感じの日も多かった。特に、子供が小さいときは、本当に目がまわるほど忙しく、てんでばらばらに暮らしてきた。

結婚した頃、夫は人類学を専攻する大学院生だったから、調査などで家を留守にすることもあった。三〇歳になったとき、兵庫県の尼崎市にある英知大学という大学に就職し、以来三六年、大学を職場としてひたすらに働いていた。朝、出かけると、あとはいったいどこで何をしているのかよくわからない。飲み会だと言って、夜遅く帰ってくることもあれば、突然、「腹が減った」と昼ご飯に帰ってきたりもする。

携帯電話のない時代である。カエルコールもなく、いつもいきなりの帰宅であった。その度に私は「わっ！」と叫んだ。夫の昼ご飯を用意していないからだ。驚くのは私だけではなかった。遊びに来ていた息子の友達も、「えらいこっちゃ！」と、あわてて帰り支度を始めた。お父さんが昼にいきなり帰ってくることに、少年たちは慣れていなかったのだ。

夫が五三才になったとき、勤めていた英知大学が聖トマス大学という名前になり、経営陣も変わった。どうするのだろうと思っていたら、彼はそのまま働き続けた。職場の名称が変わったため名刺を刷り直したりはしていたが、生活習慣は相変わらずで、

第一章

まずは、夫・太郎

むしろ以前より忙しそうだった。

ところが、それから二年後のある日のこと、夫は午前中に突如、帰ってきた。それは驚かなかった。いつものことだからだ。しかし、次に続く言葉には驚いた。「俺、大学、辞めてきた」と言ったのだ。熱心に働いていると思っていたので、私はたいそうびっくりした。

けれども、顔を見て、決意は固いとわかった。もちろん、「これからどうやって食べて行くのだろう」と一瞬、不安になったが、何とかするのだろうと思っていたら、本当に何とかしてきた。愛知県の春日井市にある中部大学で教えることになったのである。

周囲の人たちは、夫があらかじめ転出する先を決めてから、元の大学を辞めたと思っているようだ。しかし、それは違う。妻の私が言うのだから、確かである。彼は辞職した後に、職探しを始め、願いを果たしたのだ。

無事、名古屋への就活に成功した彼だったが、どうしても神戸の自宅を離れたくないとのことで、週の半分を大学の中にある独身寮で暮らし、週末に家に帰ってくる毎日が始まった。早い話が単身赴任に近い形となったのである。月曜日の早朝、神戸の自宅を出ると、月曜日から水曜日まで名古屋で教え、木曜日に教授会に出席した後、神戸に戻ってくるを繰り返す。当然、日常は移動の連続となった。

大学の寮は、ビジネスホテルのように機能的で快適だという。どんなところか見てみたくて、「掃除に行くわよ」と提案してはみたが、「来なくていい」のひと言で片付けられた。だから、名古屋で夫がどんな風に暮らしているのか、私にはよくわからなかった。

人類学者とはそういうものなのか、夫がそういう性格なのか、謎のままだが、とにかく、朝、「行ってきます」と家を出るや、夜までいったいどこで何をしているのやらわからない、それが我が夫の姿だった。

こうした生活は、大学を変わろうが、単身赴任生活になろうが、変わらなかった。フィールドワークと称して町をうろついている日もあったし、泊まりがけで出かけるときもあった。文化祭や体育祭などの行事にも、実にまめに参加していて、まったくもってひとつところにじっとしていない。あっちへ行ったり、こっちに行ったり、疲れないのだろうかと心配になる。

サラリーマンの娘として育った私からすると、大学の教師とはこれほどめまぐるしい毎日を送るものなのかと、驚くことばかりだった。

特に、学生部長という役職についていたときは、夫は学生の面倒をみることに全エ

第一章

まずは、夫・太郎

ネルギーを費やしていた。さらに、本務校の他に複数の大学の非常勤講師として、掛け持ちで教えてもいた。これでは、いくら時間があっても足りないはずだ。

本人にとっては、過酷な毎日だったのかもしれない。しかし、私から見ると、夫は天職を得て生き生きと暮らしているように見えた。自宅でも学生の話ばかりしていたし、たまの休みの日も学生を家に招き、それを心底、楽しんでいた。

夏休みでさえも例外ではなかった。休みが始まるのを待ちかねて、旅行に出かけた。学生を募り、研修旅行に出発するのだ。

学生とキャラバンを組み、シルクロード旅行を敢行したこともある。上海からカシュガルまで六〇〇〇キロの距離を飛行機と電車とバスを駆使し、一ヶ月かけて駆け抜けたのだ。私も手伝いをかねて数回参加したことがあるが、親子ほど年の離れた学生達が、「先生、お願いですから少し休ませてくださいよ。これじゃ、ぼくら倒れちゃいます」と嘆いているのを見たときは、思い切り笑ってしまった。そして、「そうでしょう？　私なんか、毎日がこれよ」と、言った。冗談のつもりだった。ところが、学生達は笑いもせず、「暁子さん、タフですね。俺ら、もう駄目」と真顔で答えるのである。

とにかく、学生顔負けのエネルギッシュな人物、それが夫の三浦太郎というヒトだ。

私はそう思っていたし、周囲も認めるところでもあった。

学生といつも一緒にいて、家族より優先して学生を大切にする、それが我が夫の姿であった、はずなのだ。

突然の変身

それなのに、彼は定年まであと三年を残し、六七才で退職してしまった。六〇歳のときに腕にサルコーマと呼ばれる癌ができて、入退院を繰り返していたから、それも仕方がないと、私は思った。

幸い、有能で熱心な医師に巡りあったこともあり、ここ三年は再発もなく、病気はほぼ寛解したのではないかと思う。しかし、これまで、五回の手術と数え切れないほどの化学療法を受けた。再発を抑えるために放射線をあてたり、リハビリもしたりなど、闘病生活は七年に及んだ。しかも大学に通いながら治療を続けたのだからハードな日々だった。近くで見ている私もつらかった。それでも、雄々しく闘病した甲斐があり、一応、寛解したのだ。これ以上、働いて欲しいと頼むのは酷である。

それに、今回の退職は、前もって私に相談してくれた。今まではすべて事後承諾だったのに、一応は聞いてくれたのだ。

「俺、大学、辞めたいんだけどいいかな？　映像の授業を遠隔で講義する自信がないんだよ。いい加減な授業をして、給料をもらうわけにはいかない」

夫は私に言った。

私はとても驚いた。退職することにではなく、退職を相談してくれたことに驚いたのだ。

私は「いいわよ」と、答えた。

たとえ夫が私に何かを相談してくれたとしても、それは相談ではなく、既に決定しているとわかっていたからだ。それに、前のときは「辞めてきた」と告げられただけだったのだから、彼も少しは大人になったと言える。

もっとも、相談はしてくれたものの、その後の行動は素早かった。「げっ！」と言う余裕さえなかった。彼はすぐにあちらこちらに電話をかけ始めた。関係方面各所に連絡をし、退職手続きをするためだ。その猛烈さたるや、競輪の最終周回でジャンが鳴るのを聞いた選手のようだった。中年になっても、彼は元気が良く、若々しかった。寒い日でも、半袖半ズボンで駆け回っている。声も大きく、動きも素早く、体育会系男子の面目躍如という感じだ。

一〇年間勤めた大学から荷物を引き揚げる日も、さっさと決めてしまった。ちょうどコロナが蔓延していた時期であり、しかも、夏休み中でもあった。何もそんな暑いさなかに引っ越しをしなくてもいいのにと内心思ったが、夫は「この日しかない」と、言い切った。

そして、怒濤の引っ越しを終え、いきなり三六五日、べったりと家にいる生活が始まったというわけである。

コロナ禍もあり、夫はほとんど外出しない。あんなに外に出るのが好きだったのに大丈夫だろうかと、心配になるほどだ。

一日の大半を横たわって暮らす夫に、今日も私は聞いてしまった。「こんなに毎日、家にいて退屈しないの？　大丈夫なの？」と。しかし、返ってくるのは、「これでいいの。これこそが俺の理想の生活」という返事である。

理想？　これが？

そうだったの？

迂闊にも、私は知らなかった。

今までは家にいるのは私の専売特許だったのに。現在の夫は毎日家にいる。買い物もほとんどネットでしているので、たまにナマモノを買う以外は、外に出ない。それは私が初めて見る在宅しっぱなしの夫の姿だった。

息子が幼いとき、私は夫にもっと家にいて欲しいと願ってばかりいた。当時、私たちは名古屋に住んでいたが、私の実家は神奈川県にあり、名古屋には知り合いもほとんどいなかった。たった一人でマンションに閉じこもって行う育児は、たいそう心細かった。未熟な母親だった私は、赤ん坊が泣いてもどうしていいかわからず、「なぜ泣くの」と言いながら一緒に泣いていた。

こんなとき、夫がそばにいてくれたら、どんなに心強いだろう。

その願いが、今頃になって叶うとは……。まったくもって、人生は意外なできごとの連続である。

家外から家内へ、夫の変身は、四〇年経って起きたことになる。少々遅すぎたが、ま、それはそれで仕方がない。

夫とは時と共に変わっていく生きものなのだから。

変身し続ける夫

子供を育てているとき、私は何度も思った。子供というのは、今は起きていて欲しいというときに限ってぐっすり寝てしまい、頼むから今だけは寝ていてちょうだいと願うときには、起きているものだ、と。

それは夫にも言えることだ。家にいて欲しいときはどこかへ姿をくらましているくせに、今日は締め切りで、ご飯を作る余裕がないと思うときに限って、「今週は三食、家で食べるからね」と笑っている。

まして、最近、夫はまるで家具のように家から離れず、判で押したように、毎日、同じことをノルマのように繰り返している。それが本人の希望なのだから、それはそれでいいとは思う。長い間、ひたすら働いてきたのだから、これからはしたいようにして欲しい。何よりも、夫は自分のしたいようにしかしない人物なのだから、私が何を言おうが始まらないのだ。

そんなわけで（どんなわけだ）、私は相変わらず夫の言動に驚きながら、暮らしている。突如として、今まで私が知らなかったことを言ったり、したりするのも相変わらずだ。それも「そ、そんなこともあったのか」と驚く新情報満載で、これまで積み重ねてきた五〇年はいったいなんだったのだろうと思う。

彼ほど隠し球が多い人を私は知らない。

もちろん、夫に驚くのは今に始まったことではない。けれども、この年になってもまだびっくり仰天するネタを持っているとは意外である。

夫婦とは歳月と共に穏やかさを増すと思っていたのはやはり間違いだった。むしろ劇的に変化していく、それが私が五〇年かけて学んだことだ。

倦怠期はないけれど

自分が心身共に元気でいるときは、そんな夫の激烈さにただ感心し、なるほどとうなずき、そういう考え方もできるのかと納得していればいい。そんなときは、すべてがなめらかに進んでいく。

しかし、問題は、私が心身共に疲れているときだ。

私は元々、気力も体力も脆弱で、くたびれやすい。幼い頃、心臓に問題があるから、疲れないように気をつけて育てなさいと言われたとかで、両親はなるべく家で静かにしているように配慮しながら育ててくれた。

おなかを壊すからという理由で、買い食いは一切禁止だった。近所の駄菓子屋さんでこっそり何かを買おうとしても「暁子ちゃんには売らない」と、言われた。母が先回りして頼んであるからだ。テニスや水泳などのスポーツも、理由は不明ながら「体に悪い」と、渋い顔をされた。母の姉が大学時代にテニスに夢中になり、後に結核になって生死の境をさまよったため、我が家ではスポーツは体に悪いという、よくわからない法則がまかり通っていたのだ。

おまけに、五歳のとき、私は重い関節炎になった。母は自分のせいだと悩み苦しみ、さらに過保護に私に接するようになった。しかし、私は知っている。関節炎の原因は母ではなく、私にあったことを……。

実は私は両親の目を盗んで自転車の練習に明け暮れていたのだ。自転車に乗る友達に憧れ、買って欲しいと頼んだのだが、危ないから絶対に駄目だと言われた。仕方がないので、近所のおそば屋さんのお兄さんに頼みこみ、体に合わない大人用の自転車で猛練習したのがいけなかったようだ。

ある朝、卵を買ってくるように言われ、元気にお店に向かった私だったが、帰り道で膝が痛んできて、家に着くなりいきなり転んだ。大事に抱えていた卵をすべて割ってしまうほどひどい倒れ方だった。すぐに病院に担ぎ込まれ、これほど重篤な関節炎は珍しいと言われた。母は嘆きに嘆き、ひとときも私から目を離さなくなった。買い物に行くときも、巨大な乳母車に私と弟を乗せた。時代劇の「子連れ狼」で大五郎が乗せられていたような代物だ。いったい、どこからどうやって、あんなものを探してきたのだろう。

外に出ると、私は皆の注目を集めた。商店街では、道行く人がはっとしたあと、憐れみ深い表情でそっと目をそらした。昨日まで元気に走っていた私が、弟と一緒に乳母車に乗っているのだから、周囲の人は対応に困ったことだろう。それでも膝はなかなか治らず、一日のほとんどを私はこたつに入って過ごすようになった。このまま歩けなくなるのかもしれないと、子供心に覚悟を決めたほどだ。

こうして私は「体の弱い子」として、大事に育てられ、自分でも「私は体が弱い」と思いこんでいた。母には心から感謝しているが、果たして本当に体が弱かったのか、今もってよくわかない。ただ、何ごとにも気力がなく、すぐに疲れるのは確かだ。

そんな私にとって、パワーアップするばかりの夫の言動は刺激が強すぎる。時に疲れて、ぐったりしてしまう。

心優しい友達は、「毎日が新鮮でいいじゃない。うちなんて毎日が同じことの繰り返しで死ぬほど退屈よ。お宅は倦怠期なんてないでしょう？　うらやましいくらいだよ」と、慰めてくれる。

確かに、倦怠は感じない。そんなもの、感じている余裕などない。毎日がジェットコースターに乗っているようにめまぐるしく、しがみついているので精一杯だ。若いときは、そんな彼を「面白いし、これでいいか」と思っていたが、最近は「頼むから、少しおとなしくしてよ。こっちの身がもたない」と、言いたくなる。それだけ私が年を取ったということだろう。

夫は私より二歳年上だが、奇妙に若いところがある。物事に対する反応も激烈だ。年がら年中、何かに憤ったり、喜んだり、感動したり、同時に失望して、ひどく落ち込んだりしている。その意味では、小さな子供のようだ。

口では「俺は年金生活者だからね、もう世を捨てて静かに生きると決めたんだ。仙人になったわけよ、仙人に」などと言ってはいるが、物事への反応は仙人とはほど遠い。むしろ、以前より激しい憤りを見せる。そもそも仙人は食べる物に凝ったり、ライフスタイルについてとうとうと語ったりしないだろう。

よく考えてみると、「げっ！」と、私を驚かせるのは、夫だけではない。結婚してからずっと、私は夫とその家族に驚き続けてきた。実家とはあまりにも違うタイプの家族を前に、何度も息をのみ、「いったいこの人たちはどうなっているのだろう」と仰天した。

夫を今の夫たらしめているのは、やはり両親と祖父母の影響だろう。本人は認めないかもしれないが、その意味では、確かに「血は水よりも濃い」のである。

そんなことに今頃気づくなんて、いくらなんでも遅すぎるとは思う。しかし、最近の夫を見ていると、三浦家の人たちが持っている特有の熱量が体中に満ち、それが発酵して、さらなるエネルギーとなってほとばしっているようだ。

だから、私はこれからもジェットコースターに乗っているような毎日を過ごすことになるのだろう。ちなみに私は結婚してから一度もジェットコースターに乗ったことがない。元々好きではないこともあるが、毎日がジェットコースターに乗っているような暮らしだから、わざわざお金を払ってまで乗る気にはなれないのだ。

こんな暮らしがいつまで続くのだろう。

考えただけで、疲れる。

太郎との初対面

今は夫となった三浦太郎と初めて会ったのは、高校に入学してすぐのことだった。私の入学した都立三田高校は、なぜか秋ではなく、春に体育祭が行われていた。新入生からすると、入学したばかりのタイミングで体育祭が行われることになる。それも、学校のある三田ではなく、多摩川の河川敷にあるグラウンドまで出向き、そこで行うことになっていた。

もう五〇年も前のことなので細かいことはよく覚えていないのだが、都立三田高校は都心に位置しており、敷地が大変狭く、校庭も猫の額ほどしかなかった。当然、全校生徒が集まって体育祭を行う余裕などない。そのため、グラウンドを借りて開催するしかなかったのだろう。

私は体育祭そのものが苦手だったので、どこでやろうが関係なかった。子供の頃から運動が苦手で、走るのも遅く、ダンスも下手くそで、組み体操など不可能に近かった。縄跳びでさえ、集団でやるタイプの大縄飛びは必ずひっかかり、いつも縄を持って回す係り「お持ち」役だった。かろうじて好きなのはバレーボールくらいで、体育祭を楽しみに思ったことなど一度もない。

そもそも私は体力がなく、満員バスに乗って学校へ通うだけでヘトヘトだった。まして高校から離れた見知らぬグラウンドで行われる体育祭である。私にとっては行くだけでぐったり疲れ、競技に参加する余裕などあるはずもなかった。

それでも、友達が競技しているのを見るのは好きだった。砂の舞い上がるグラウンドにじっと座っているのも、苦にならない。そう、私にとってスポーツとは参加するものではなく、観戦するものだったのだ。我ながらご隠居のような女子高生だったと思う。

　体育祭で一番人気があるのは一〇〇メートル走で、体育祭の最後に行われ、クライマックスを飾ることになっていた。憧れの花形競技である。張り切って応援しましたと言いたいところだ。けれども、一〇〇メートル走が始まる頃には、私の体力は底をついていた。喉は渇くしおなかはすくしで、ぐったりだった。椅子に座ったまま体力の消耗を防いでいると、友達が「アッコ、三浦先輩が走るよ。一緒に見ようよ」と、誘いに来てくれた。

　二年上の三浦太郎先輩は、短距離の選手として有名だった。南関東の大会でも良い記録を残していると聞く。私たちが通う高校はどちらかといえば進学校で、スポーツは盛んではなかった。そんな中で陸上選手としてその名を知られるなんて異色の存在だ。

　それは見ておかなくてはと私はノロノロと立ち上がり、ついていった。ゴール地点がよく見えるところまで行こうと必死だった。自分では急いでいたつもりだったのだが、何ごとにもスローな私である。ゴール近くに着いたときは既に競争は開始されていて、見物人でいっぱいだった。「どこにいるのだろう」と思っていると、右の方からドドドと音がして、あ、と思う間もなく、選手達がものすごい勢いで走り抜けていくのが見えた。

「すごい」と、思った。

これが陸上競技というものか。

しかし、残念ながら、ゴールを切ったその瞬間を見ることはできなかった。選手達はあっという間に目の前を通り過ぎてしまったからだ。隣にいた友達が「三浦先輩、勝ったね。ゴールした後、何か言ってたでしょ。聞こえた？」と、尋ねてきたが、私にはよく聞こえなかった。ただ、レースに失敗したと嘆いているらしく、顔をしかめて何か言っていた。

そのとき、私は不思議に思った。全速力で走った後だというのに、彼は汗だくにもならず、土埃に汚れてもいなかった。陸上選手なのだから、日焼けしているはずだと思うのだが、その顔はむしろ青白く、象牙色というべき不思議さをたたえていた。鼻筋が通っていて、日本人と言うより西洋的な雰囲気を身に纏《まと》った人だと思った。

このときの印象は今もなお変わってはいない。現在、六八才になる彼は陸上競技はしていない。散歩すらしないのだ。スポーツクラブにも通っていないし、運動には無縁の生活を送っている。

しかし、毎日の生活の中で、私の前を猛烈な勢いで駆け抜けるのは、相変わらずだ。

のろまな私からすると、彼が何を考えているのか、何を言っているのか、よくわからないことが多い。猛烈な早口だし、話題もどんどん変わり、私がわからないところを質問しようとすると、もう目の前にいなかったりする。

この五〇年、前屈みでつんのめって前進する夫を、私はなんだか気の毒だと思いながら眺めてきた。人生は一〇〇メートル走ではないのだから、もう少しのんびりして、周囲の風景など楽しみながら生きた方がいいのではないだろうか。いつかそう言って聞かせたいと思うのだが、言おうと思ったときには、夫は自分の言いたいことだけ言って姿を消してしまうので、いまだに果たせずにいる。きっとこれからも無理だろう。

体育祭の日、目の前をドドドと駆け抜けていったその姿は今も変わらない。第一印象とは生涯を通じて変わらないということだろう。

作家の両親を舅姑に持った私

夫の両親は作家である。

舅は三浦朱門（故人）といい、姑は曽野綾子という。

ある人は彼らを有名だと言い、また、ある人はそんなヒトは知らないと言う。つまり、知っている人は知っていて、知らない人は知らない、それが私の義理の両親だ。

私はといえば、子供の頃から二人の名前を知っていた。本を読んだこともあった。実家の母が曽野綾子のエッセイを愛読していたからだ。

平凡なサラリーマン家庭に育った私にとって、作家とはまったく異なる世界に生きている人たちだった。ふれあうチャンスなど一生ない。そう思っていた。それなのに、かつて母が愛読していた本の作者を姑と呼ぶようになるとは、人生、何が起こるかわからないものだとつくづく思う。

この変化に誰よりも驚いたのは、他ならぬ私だった。

しかも、私の舅姑となったヒトは、夫が私を「げっ！」と驚かせた以上に、びっくり仰天するようなことを言ったり、したり、書いたりする。作家だからそうなのか、そういう個性があるから作家になったのか、私にはよくわからない。「ニワトリが先か卵が先か」の疑問に似て、今も答えは出せぬままだ。

ただ、義父と義母には、毎日、何かを新しく創り出すことで生計を立ててきた人たちが持つ、特有の熱感があるのは確かだ。それはあるときは、燃えさかる火のようで、うっかり近づくとこちらが焦げそうになる。それでいながら、あるときは熾火《おきび》のように目立たないまま燃えており、気づかないうちにじっくり、ゆっくり熱せられていて、何年も経ってから、その暖かさに気づいたり、低温火傷したような気分になったりもする。

もちろん、すべての作家がそうだとは言わない。三浦朱門と曽野綾子は、私が初めて身近に出会った作家である。他の作家にもお会いしたことくらいはあるが、じっくり知り合うまでにはいかなかった。だから、よくわからないのだ。

義理とはいえ、二人の作家を両親に持ち、一緒に生活するという経験は、誰にでも与えられることではない。私はこの希有な体験に戸惑いながらも、自分なりに大事にしようと思いながら暮らしてきた。

舅姑と一緒に暮らした年月は、私に大きな影響を与えた。いや、過去形ではなく、今もなお私は作家の家の嫁であり、現在進行形で驚き続けているのに変わりはない。

自分から望んで作家の家の嫁になったわけではないが、誰かに押しつけられたわけでもない。だから、驚くことがどんなに多くても、それは私が自分で選んだ結果だ。作家の家の嫁なんかまっぴらごめんと逃げ出すことだってできたのに、私はそれをしなかった。

その理由は自分でもよくわからないが、他人のせいでないことだけは確かである。

先生は予言者？

私は作家の家に嫁に行くことをなんら深刻に考えてはいなかった。けれども、そんな私を見て、これは大変なことになるぞと、心配してくれた方がいる。実家の父の親友で、大学でドイツ文学を講じ、文芸評論家としても活躍していた方だ。ここでは仮に福山先生としておこう。

福山先生は父と同じ高等学校で寮生活を送り、その後、同じ大学に進み、社会に出てからも大の仲良しであった。偶然とはおそろしいもので、曽野綾子の本の「解説」を書いたことがきっかけで、三浦の両親とも親しい間がらだった。

私が福山先生に、曽野綾子と三浦朱門のひとり息子の太郎と同じ高校に通っており、友達になったことを伝えると、それは良かったねと喜んでくれた。「三浦さんも、曽野さんも、頭が切れる人たちだよ。暁子ちゃんも色々なことをたくさん教えてもらうといいよ」と、心からの笑顔を見せた。ところが、「婚約しようかと思うのだけれど」と、打ち明けた頃から、急に渋い顔をするようになった。どうやら結婚に反対らしい。

そして、私を諭すために、わざわざ家までやって来た。

真剣な顔で先生は言った。「太郎君と結婚するのはやめた方がいいんじゃないかな。僕は暁子ちゃんが消耗するのを見たくないんだ。太郎くんは、ボーイフレンドとしては最高かもしれない。しかし、結婚となると、話は別だ。何と言っても、作家のひとり息子だ。それも、両親共に作家だ。そこらへんのこと、ちゃんとわかってる？　覚悟して結婚しようと思ってる？」と、矢継ぎ早に質問してくる。

私は今もトロいが、当時は若く、今よりさらに何もわかっていなかった。先生がそんなことを言うために、忙しい中をわざわざ会いに来てくれたと知り、ただ嬉しかった。私を可愛いと思えばこそだろう。

そこで、「おじちゃま、大丈夫よ。心配しないで。私は作家と結婚するわけじゃないもの。太郎さんはね、人類学を勉強しているの。面白い人よ。今度、会ってみて。会えばわかるわ」と、ヘラヘラしながら答えた。すると、いつもは温厚な「おじちゃま」は絶望的な顔になり、「暁子ちゃんは何もわかっていない……。悪いことは言わない。ボーイフレンドにしておきなさい。一生仲のいい友達でいる方がいい」と、反対の姿勢を崩さない。

今なら、私にもわかる。先生は、作家の息子だから駄目だと言っていたわけではない。作家という特殊な環境にある家に嫁に行くには、私に覚悟がなさすぎると言いたかったのだ。

確かに私はのんきだった。物事を深く考えていなかった。しかし、反面、強情でもあった。「大丈夫だってば」を繰り返し、首をたてには振らなかった。

福山先生は私を説得するのをあきらめた。そして、呟いた。

「言うことを聞かないなら、もう知らないよ。僕は結婚式には出ない。心配で座ってなどいられないもの」

それからしばらくして、私は婚約し、大学の卒業も待たずに結婚してしまった。「式には出ないよ」と言った「おじちゃま」だったが、結局、結婚式に出席してくださった。しかし、スピーチは頼まなかった。頼みたくても、頼めなかったのだ。

そして、結婚するや、私は自分がどえらいことをしでかしたと知った。先生のおっしゃる通りだ。自分が育った実家と夫の家との間には、埋めようとしても埋められない大きな違いがあると気づいたのだ。「おじちゃま、あなたは正しかった」と報告したいところだが、先生は早くに亡くなってしまい、私の結婚生活の顚末を報告することはできなかった。それは本当に悲しいことだった。

ただし、たとえびっくり仰天した話をしても、彼は「ほらね、僕の言った通りだろう」と、渋い顔で答えるだけだっただろう。

今はただ、鈍感な自分を恥じながら、「ごめんなさい。でもまあ、私、なんとかやってます」の言葉を先生に捧げたい。

故人になっても、教えは続く

三浦の家で学んだことはあまりにも多く、驚きに満ちた毎日は私を鍛えてくれた。おかげで若いときよりは、少しはましな人間になったと、自分では(自分ではだ)思っている。

そして、今、祖父も祖母も舅も既に故人となった。もっと話を聞いておけばよかった、もっと一緒に時を過ごしたかったと、後悔の念にさいなまれるが、もう遅い。世代の違う人間が一緒にいられる時間はそう長くはない。故人になってから気づいても、もはや手遅れなのだ。いくら何でもうっかりしすぎだと、自分で自分を責めたくなる。

それでも、私の場合、義母の曽野綾子は九一歳になる今も健在だから、幸福な方だろう。最近、私は彼女に会う度に亡くなった三人について話すようになった。いや、正確に言うと、話すことができるようになったのだ。

結婚したばかりの頃、私は夫が一緒にいてくれないと、家族で食卓を囲むのが憂鬱でならなかった。緊張して思ったことを話せないし、こんなこと言ったら馬鹿だと思われないかと、いつもびくびくしていた。そもそも三浦家の食卓は、義父も義母も夫も丁々発止とやり合うのが日常で、私など三人が何を話しているのかよくわからない有様だった。まったく話についていけなかったのである。

話題も豊富で、いろいろな分野の話が出る。そして、何よりスピードが違う。実家の会話がピンポンくらいの速さだとしたら、三浦の家はF1なみで、爆音が混じる激しさだ。

それぞれがそのとき興味を持っていることをどんどん話し、反論し、その通りだとうなずいたかと思うと、それは違うと言い合ったりしている。のろまな私はどうしていいかわからない。まるで議論のような会話を家庭内でするものなのだろうか。いわゆる茶の間の会話しか知らない私にとって、それは驚くべきものだった。

これでは人生というう名のレースに参戦しているようなものではないか。ただ、義父母も夫も、真剣な面持ちで闘い合っているように見えて、それを楽しんでもいるのがわかる。だから、観戦しているだけならこれほど面白いことはない。言うまでもなく、私は完全に補欠である。

仕方がないので黙って聞いていると、いや、正確に言うなら、聞いているふりをしていると、急に「で、暁子さんはどう思うの?」と、質問が飛んでくる。まったく油断がならない。補欠にも突如、ご指名があるのだから、常に急な出番にそなえていなければならない。

当然、食事を味わう余裕などない。

私の実家ではテレビをつけたままご飯を食べることが多かった。話題もテレビがらみのことが多く、「このアナウンサー、昨日も同じネクタイしてたんじゃない?」、「してないよ」、「そうだっけ?」、「いや、してたよ。この柄に見覚えがある。社内泊かな」といったやりとりが多かった。何かを論じることなどなかったし、食事中に話をすると「黙って食べなさい。お行儀が悪い」と叱られた。

しかし、三浦家には食卓のそばにテレビがない。太郎が子供の頃は、家の中に一台もテレビがない生活だったという。

いわゆるノンテレ族だ。

ノンテレ族と言っても若い方はわからないかもしれない。当時はテレビがない家庭をそんな風に呼んだ。今で言えば、携帯禁止のようなものか。いや、違うか。やはり、そうか。まあとにかく、三浦家にはテレビがなかったのである。

太郎が小学生の頃、テレビを見たがるのに腹をたてた義父がテレビを庭に放り投げ、「我が家では今日からテレビを観るのは禁止だ」と、宣言したのだそうだ。

あの寛大で優しい義父がかつてはそんなにも激しい父親だったのかと驚くが、三浦家には長いことテレビがなかった。太郎が大学に入学し、下宿するために実家を出た頃に、両親はテレビを復活させたという。それでも、食卓の近くにはテレビを置かないのが家族の決まりだった。食卓での会話を大事にしていたからだ。

私の実家はといえば、テレビは重要な存在で、まさに家宝のように扱われていた。劇場の幕のようなカーテンがついており、観る度に開けたり閉めたりを儀式のように繰り返した。そんなテレビを投げ捨てるだなんて、あり得ないことだ。この落差についていけず、結婚したばかりの頃は、ほぼ半泣きだった。私はテレビが大好きだったのだ。それに何より、食卓にテレビがあればもっと会話が弾むのにと、何度思ったことだろう。

けれども、私も今や六〇も半ばを過ぎ、肝が据わってきた。今さらいい嫁と思って欲しいなどとは思っていない。そんなことは願っても無理だとこの五〇年で思い知った。

最近では、正直に義母に向かって言うことができる。「最初のうちは、三浦の家の人たちに本当にたまげました。ついていけないと思って泣きべそかいていました」などと平気で言ったりしている。ソーメンを食べるときのように、ツルツルとなめらかに言葉が出る。対する義母は義母で「あら、そうだったの。だったら、言えばいいのに。言わなきゃわかんないわよ」と受け流し、さらにぶったまげる話をする。

先日も、私が今まで知らなかった話、たとえば、戦時中は我が家の庭には、私設の防空壕があったことを教えてくれた。何でも、空襲警報が鳴る度に防空壕に駆け込んでいては眠れないと考えた祖母が、庭に大きな穴を掘り、私設の防空壕を作ったというのだ。祖母は毎晩、娘である義母を連れて防空壕へ行き、寝ていたという。「空襲警報が出てからじゃ遅いでしょ」と、義母は涼しい顔で言うが、それは防空壕ではなく、単に庭に寝室を作っただけではないか。

驚きを通りこしてため息が出る。結婚して四二年間、私は庭にかつて防空壕があったことなど知らないまま、その上を歩いていたというのか。

夫は夫で、驚く私を横目に見ながら、「暁子、そんなことも知らなかったのか？　俺、言ってなかったっけ？　あったんだよ、防空壕」などと言っている。彼は自分の家のことをちっとも教えてくれないくせに、何も知らない私にあきれるのだ。

まったくもって、私は一生かけても三浦家のことがわからないだろう。だから、この『太郎の嫁の物語』は、私がただひたすらにびっくりし続けた仰天日記だ。それにしても、まだこれからどのくらいの新情報が飛び出すのか。楽しみだが、同時にちょっと、いや、かなり怖い。

第二章

次に、祖父・逸雄と祖母・小イシ

あまりに個性的な三浦の祖父母

三浦朱門の両親、つまり夫方の祖父と祖母も、これまた仰天ではすまないほど個性的な夫婦だった。ある意味では、三浦朱門と曽野綾子以上だったといえる。

祖父の名は三浦逸雄《はやお》、祖母は小イシという。名前自体は、それほど変わってはいない。最近、流行りのキラキラネームと比べたら、時代を感じさせる渋い名だ。

けれども、祖父母も、私とはまったく縁のない世界で生きてきた人たちだった。なんというか、とにかく「ぶっ飛んでる」二人なのだ。

経歴も私の周囲には見当たらない破天荒さだ。

祖父の逸雄は新劇の座付き作家をした後、「セルパン」という雑誌の編集長として生計を立てていた。大学ではイタリア文学を専攻し、イタリア語の翻訳も手がけていた。ダンテの『神曲』の翻訳もしているのだから、秀でた語学力を持っていたのだろう。イタリア語は「チャオ」くらいしか知らない私なのでよくわからないのだが、その翻訳はなかなかに見事なものらしい。今もなお、三浦逸雄訳の『神曲』が文庫化され読み続けられているというから、おそらくは名訳として認められているのではないだろうか。

きっと素晴らしい翻訳なのだと思う。

思うというのには、わけがある。

情けない話だが、私は祖父の訳した『神曲』をまだ読破していないのだ。何度かトライはしたものの、その度に頭の中が混乱し、「また今度読もう」と、なってしまう。ただ、本を開く度に「おじいちゃんて、すごいんだなぁ。多分」とは思っている。そして、途中で挫折して本を閉じながら、「すごすぎてわかんない。次は最後まで読もう」と、できもしない決心を繰り返している。

第二章
次に、祖父・逸雄と祖母・小イシ

逸雄の妻、つまり祖母の小イシは、新劇の女優だった。

一九二〇年（大正九年）には、水谷八重子（初代）と「青い鳥」という芝居で共演している。水谷八重子が主役のチルチルで、祖母は水の精を演じた。写真が残っていないので、その姿は想像するしかないのだが、祖母は老いてもなお、水の精にふさわしい澄んだ瞳をしていた。顔も今で言うところの小顔の持ち主だったから、はまり役だったのではないだろうか。

祖父と祖母は劇団で出会い、恋に落ち、結婚した。結婚したと言っても、籍を入れたのは子供たちが小学校に上がるときだったというのだから、これまたびっくりだ。

籍を入れるのを忘れていたわけではない。意図して入れなかったのだという。祖父が「我々の結婚を国に報告する必要などない」という意見の持ち主で、入籍する気などなかったからだ。まったくもって驚いてしまうが、とにかく二人は同棲を始めた。祖母もその状態に納得していたのかと不思議だが、若い二人は籍などというものに無頓着であったのだろう。

ところが、義父の姉、つまり、夫にとっては伯母が、小学校にあがる年齢に達したとき、役所から入学を知らせる通知が来なかった。そこで初めて、籍が入っていないことが周囲に判明したのだ。伯母は利発な女の子で、「あたしも友達と一緒に学校に行きたい。勉強したい」と、泣いた。

すると、祖父はあっさりと方針を変え、すぐに籍を入れた。アナーキーな生き方をしながらも、娘の涙には勝てない優しいお父さんの顔も持っていたのだろう。それとも、ただいい加減だったのか、いまもってよくわからない。ついでにこのとき、朱門の籍も入れた。

それでもとにかく、国や政府に縛られることなく生きていく、これが一八九九年（明治三二年）に生まれた祖父のモットーであった。

第二章

次に、祖父・逸雄と祖母・小イシ

あるとき、祖母に「籍が入っていないなんて、不安だったでしょう?」と、聞いたことがある。すると、祖母は小首をかしげて少し考えたあと、「だって、じいちゃんはそういう人だもの。しょうがないわよ。アタシもそれでいいと思ったのよ」という返事だった。

なかなか言えない台詞だと思い、私はひどく感動した。

籍を入れないというのは、国からの保護を受けなくてもいいと宣言するようなものだ。たとえ社会を敵に回しても、二人で一緒にいようとする態度に私は打たれた。私は祖父母の破天荒な生き方にひたすら驚いたが、同時に新鮮で面白いとも思った。何もかもから自由でいようとする態度はやはり素敵だ。もっとも、ではそうしろと言われたら、私にはできない。当時、無政府主義者に注がれる視線は冷たいものだったことを思うと、やはり怖い。それでも、「おじいちゃんたち、いけてるなぁ」と、思う。

私にとって、逸雄は義理とはいえ唯一の祖父であった。実家の祖父は母方も父方も既に他界していたからだ。子供の頃から、「おじいちゃん」という存在に憧れていた私にとって、初めて得た祖父は、教科書で習った大正デモクラシーをそのまま体現して生きている人物に思えた。

祖父母についてのこうした一連のびっくり話は、結婚してから順を追って知ったことだ。結婚前は、三浦家の人たちのことをあまりよく知らなかった。興味はあったのだが、根掘り葉掘り聞くのは失礼だと思っていたし、太郎も家族のことをあまり話さなかった。

三浦の家族と初めて会った頃、私はまだ若く、世の中をまったくわかっていなかった。もちろん、その人たちと家族になるとは夢にも思っていなかった。だから、なんだか面白い人たちがいるなと思いながら、ただ眺めているだけでよかった。いわばお気楽な見物人だったのである。

恋しいと思い合う関係を築くには

祖父母も舅も姑も、私を驚かせ続けたが、一方で優しく接してくれた。実家の両親のように、お説教もしない。行儀が悪いと怒ったりもしない。彼らは太郎が家に連れてきた私を珍しい小動物のように扱い、からかったり、可愛がったりした。だから、私はただ笑っていればよかったのである。

太郎がひとり息子だったのは、運がよかったのか、それとも悪かったのか、今もよく考える。たまに「ひとり息子は両親の期待も大きく、大変でしょう?」とも言われ

第二章

次に、祖父・逸雄と祖母・小イシ

る。雑誌の取材を受け、「ひとり息子と結婚するのは大変なのか？」と、インタビューされたこともある。果たしてどちらが正しいのかよくわからないが、三浦家に娘がいなかったことは、私にとっては幸いだったと実感している。彼らは若い女の子の実態を知らないので、私が「女の子なんて、こんなものですよ」と断言すると、それが正しいかどうかもわからぬままに、そのまま信じてしまうところがあった。

もし、太郎に義母の曽野綾子に似たしっかり者の姉か妹がいたら、小姑対嫁のバトルが繰り広げられたかもしれない。そして、私はその戦いに負けただろう。それどころか、最初の段階で「女の子なんてこんなもの」という主張が認められず、初戦敗退となったに違いない。

夫の親戚に会社員がほとんどいなかったのも、私にとって幸運に働いた。三浦家の人たちは、サラリーマンの娘である私をどう扱ってよいのかわからず、困っていた。その困惑は、「サラリーマンの娘はこんなものだろう」と思い込むことによって、解決をみた。

義父に「サラリーマン家庭のことを知りたいんだけれど、教えてくれないかな」と頼まれたことさえある。もしかしたら、私の緊張をほぐすべく、そんなことを言っていたのかもしれないが、若かった私はその言葉をそのまま受け止めた。そして、生意気にも言ったのだ。「いいですよ。教えてあげます。ただし、わかる範囲でね」と。すると、義父はほっとしたような顔をして、これから取りかかる小説の主人公をサラリーマンの娘と付き合う設定にしたいと言う。ところが、自分の周囲は自由業ばかり。だから、サラリーマンの家庭を知りたいと言うのだ。

義父の質問は思いがけないものだった。たとえば、「暁子さんの家ではボーナスをもらうと、やっぱりご馳走食べたりするの？」と質問してくる。考えてみると、作家にはボーナスというものはない。

私は私で、役に立ちたいという思いは強く、張り切りって幼い頃のことを思い出しては報告した。

それはたとえば、こんな風に。

「えーっと、私が子供の頃は、父のボーナスは振り込みではなく、現金で支給されていました。父は会社から帰ると、茶の間にあるこたつ板の上に、ボーナスを置いて見せてくれるんです。そして、こんなにいっぱいもらったぞ。お金が立つぞと、威張るんです。けれども、種あかしをすると、私が両側から手で押さえているから立っているんです。本当にお札が立つほどもらっていたわけじゃありません」と、調子にのって答える。

すると、義父は大喜びで、何度も同じ質問をしては、「いや、暁子さんの話は参考になる。面白い」と大笑いしつつ、感心してくれるのである。

そんなときの義父は、ちょっと長い前歯を見せて、思い切り笑った。私はその顔を見たさに、もっと面白い話をしたい、しなくてはいけないと願うようになっていった。彼はいわゆる「盛った」話も大好きで、私としては腕のみせどころであった。ただし、その話を本当に小説に使ったかどうかはわからない。単に何か話をするために、質問してくれただけなのかもしれない。

義母はというと、私に実家について質問することはほとんどなかった。彼女はホテルマンの娘だったから、舅ほどサラリーマン家庭を珍しいとは思わなかったのかもしれない。

けれども、義母も、急に現れた私をどう扱ったらよいのかわからないようではあった。結婚してすぐの頃、私は時々、義母に言われた。「暁子さんは何を考えているかわからないところがあるわ。思っていることを何でもおっしゃい」と。

そのとき、私は正直に答えようとして、結局、言葉を飲み込んだ。答えは「何にも考えていません」だったからだ。さすがの私も、それを言うのはいくら何でもふがいないと思った。

物事を深く考え、互いに論じ合う三浦家の人々からしたら、私は理解できない存在であったろう。しかし、うそをついたわけではない。本当に、私は何も考えず、起きたまま寝ているような状態に陥ってしまうことが、今も昔も多いのだ。「空想にふけっているんです」とか「考え事をしていました」と言いたいところだが、そのような上等なものではなく、何もしないまま、何も考えることなく、じっとしているのが好きでたまらない。

夫はそんな私に気づいていて、「暁子は目をあいたまま昼寝している金魚のようだ。いるんだかいないんだかわからない」と言う。

確かに、その通りかもしれない。

水槽の中の金魚を観察していると、目をあいたまま浮かんでいることが多い。金魚にすれば何かを考えているのかもしれないが、寝ているように見える。同じように、私もぼんやりしたまま、ふと気づくと一時間近く経っていたりする。居眠りをしていたわけではない。本を読んだりもしていない。ただ、ぼおっとしているうちに、時が体を通り過ぎていく。時間を無駄遣いするような感覚、それが私を幸福にする。

こんな私が相手である。祖父母や舅姑が、初めて身近に接する私をどう扱っていいか、とまどうのも、もっともなことだろう。ましてや義父母、そして太郎も、時間を無駄にすることを嫌い、一分一秒を大切にして生きている。時短という言葉がない頃から、彼らは時短の人であった。私たちは互いに興味を持ってはいたが、まったく違う世界を生きていた。だから、ただ観察し合い、そして「やっぱりよくわからない」という結論に達しながら、一定の距離を保ち続けていればよかったのだ。

そして、その距離感は出会って五〇年経った今も、あまり変わらない。もちろん、長い時間を一緒に過ごしたことで、ほんの少しは理解しあえたとは思う。しかし、互いの距離は変わらないまま、家族として生きてきた。深く知り合うのを避けてきたと言ってもいい。私はただ「みんなぶっとんでるなぁ」と驚きながら、毎日をやり過ごしてきたことになる。

お互いをひたすらに観察する日々、これが私の結婚生活だった。

古き良き時代の日本家屋

祖父の逸雄との出会いは、私に強烈な印象を残した。三浦の祖父と祖母は、義父母と同じ敷地の中に建つ、古い日本家屋で生活していた。祖父が六〇才のとき、高円寺にあった家を引き払い、田園調布に引っ越してきたのだそうだ。それからずっと、九二才で亡くなるまでの三二年間、祖父は田園調布で暮らしていた。

初めて祖父たちの家を見たとき、私はたいそう驚いた。小津安二郎の映画に出てくるような、古き良き日本を感じさせる日本家屋だったからだ。団地形式の社宅で成長した私にとって、平屋の瓦屋根や縁側が珍しく、「これぞ日本」という家で暮らしている祖父母に憧れた。私には縁のなかった世界だったからだ。

その家は二間あった。もちろん、玄関もあったが、なぜか庭に面した縁側から皆が出入りしていた。縁側を上がると八畳の和室があり、そこには、掘りごたつとテレビ、そして小さな水屋が置いてあった。右手には廊下を隔てて隣の部屋があり、そこが祖父の書斎になっていた。

祖父はこたつにいないときはたいてい書斎にいて、パイプをふかしながら本を読んだり、思索にふけったりしていた。書斎も私の実家にはない空間だったので、中を見物したくてたまらなかった。けれども、遠慮すべきだとわかっていた。祖母でさえ入らないようにしていると聞いていたからだ。

祖父は遊びに行くと、いつもにこにこと私を迎え入れてくれたが、書斎には誘ってくれなかった。散らかっているからというのがその理由だ。書斎はプライベートな空間だから、仕方がないとあきらめるしかなかった。

しかし、あるとき、好奇心に負けてドアを開け、こっそり覗いてみた。電灯が消えたそこは薄暗く、なぜ崩れないのか不思議なほど本が山積みになっていた。「これは魔窟だ」と言いたくなるような不思議な雰囲気……。到底、内緒で入ることは許されない。以来、祖父の書斎は、私にとって、どこか秘密めく、開かずの間となった。それは書斎の持ち主である祖父にも共通する印象でもあった。

苦いコーヒー

祖父との初対面はいきなりやってきた。

ある日、三浦の家に遊びに行くと、太郎が「隣の家に行こう。じいさんたちに紹介したい」と言った。

私は、「それは困る、今度にして欲しい」と懇願した。まさか祖父母に紹介されるなどと、夢にも思っていなかったからだ。私にだって、心の準備というものがある。

おまけに、その日の私は、今、振り返っても、あれはなかったというような格好をしていた。カジュアルといえば聞こえがいいが、クタクタのジーパンに毛玉だらけのセーターを着て、どろどろの運動靴を履いていた。太郎に誘われて、千葉まで石器か何かを掘りに行き、その帰りに寄ったのだ。

「こ、困ります。まだおじいちゃんに会う心の準備なんてできていないし。それに早すぎる。紹介とか、そんなの、私、困ります」と懇願したのだが、太郎は焦る私を置いてきぼりにして、ずんずん前進する。

彼は昔から、私の希望など聞かずにことを進めてしまうのだ。

唖然としながらも、「まあ、いいか、気取っても仕方がないし」と、私はついていくことにした。前々から、祖父がどんな人物だろうと興味があった。会いたいというより、見てみたかったという方が近い。子供の頃から新劇女優になりたいという夢を持っていた私には、新劇の座付き作者であった祖父に憧れの感情を持っていた。

太郎の後を追いかけて家に入るや、いきなり祖父に遭遇した。祖父は急に飛び込んできた孫に驚きもせず、こたつに入ったまま、「おう」と手を挙げて出迎えた。そして、次の瞬間、私に気づき、「お、おう、おう」と、立ち上がった。祖父は極端に言葉の少ない人で、何にでも「おう」で対応するところがあった。それが祖父特有の対人法であったのだろう。祖父の「おう」は相手によって微妙にトーンが違い、彼の意図は充分に伝わってくることに私はやがて気づくことになるが、それは後の話である。

第二章

次に、祖父・逸雄と祖母・小イシ

そのときはまだ初対面だったため、私は「おう」という言葉に戸惑い、とにかくちゃんと対応しなくてはと丁寧にお辞儀をした。それくらいしか、するべきことを考えつかなかったのだ。

あらかじめ「うちのじいさんは不思議なヒトだから驚かないように」と太郎に聞かされてはいたが、想像していた以上に、彼は不思議な人物だった。どこか浮き世離れしていて、違う世界の住民のようだ。

まず第一に、その風貌に圧倒された。祖父は驚くほど肌が白くなめらかで、背がすらりと高い。そのせいか、私の第一印象は「ローマ人みたい」というものだった。考えてみると、私はそのとき、ローマに行ったことなどなく、ローマ人とは何を指すのかさえわかっていなかった。もし、今なら、大好きな映画「テルマエ・ロマエ」を思い浮かべ、濃い顔をした俳優たちの風貌と比べたかもしれない。しかし、そのときの私は、ローマについて何の知識もなかった。それなのに、なぜ祖父をローマ人と結びつけたのか、自分でもよくわからない。それでも、とにかくそのときは思ってしまったのだ。「ローマ人がここにいる」と。

私が驚いていることに気づくこともないまま、太郎は自分のお腹をポンポンと叩きながら言った。「じいさん、友達、連れてきた。田中さん」

いきなりの紹介であった。

するとと、祖父は「あ、あなたは、な、何年生まれ？」と、聞いてにっこりした。それはもう素晴らしい笑顔だった。たとえこちらがどんなに焦っていようとも、思わず引き込まれ安心してしまう、そんな笑顔だ。私が「昭和三一年生まれです」と答えると、祖父はにわかに顔を曇らせ、「お、惜しい」と、顔をしかめた。

私の頭は「？」マークでいっぱいになった。

惜しい？　何が？　いったいどういう意味だろう？　若すぎるということ？　それともこれはクイズ？　でも、何のクイズ？……。考えれば考えるほど、頭の中は混乱する。

すると、祖父は私の煩悶《はんもん》にちゃんと答えてくれた。ローマ人のような顔のまま、ゆっくりと、噛んで含めるように、「惜しい」理由を教えてくれたのだ。

祖父いわく、昭和三〇年まで日本人は美しかった。礼儀を知り、自分の身のほどをわきまえ、ものもよく考えていた。しかし、昭和三〇年を境として日本人は変わり始め、利益ばかりを追い求めるようになった。目先の欲求を満たすことに一生懸命になるあまり、つまらない人間が増えた。だから、あなたには是非とも昭和三〇年に生まれていて欲しかった。その一年の違いは大きい。

第二章

次に、祖父・逸雄と祖母・小イシ

という内容のことを、つかえながらも、丁寧に話してくれた。

ようやく、「お、惜しい」の意味はわかったものの、そんなことを言われても、私としては、どう対応したらいいのかわからない。いったい、この謎の文言にどう反応したらよいのだろう。それに太郎は昭和三〇年の一月生まれだ。とすると、まだ日本が美しかった時代ぎりぎりに生まれたということになる。単に、自分の孫が生まれた年まで日本は美しかったと言いたいだけなのか。

私の頭の中を「惜しいって言われても」という思いだけがぐるぐると巡っていた。そんな私に気づいたのか、いなかったのか、祖父は私に背を向けるや、急に何かをし始めた。座敷の隅にある水屋から缶を取り出すと、ごりごりと音を立てている。背後から覗くと、コーヒー豆を手動のミルで挽いている。

私は再び、びっくり仰天した。私の家では、コーヒーを豆から挽いて飲むなどという習慣はなかったからだ。飲むのはもっぱらインスタントコーヒーであり、それも牛乳にとかして砂糖をたっぷり入れて飲んでいた。

「あ、あの、おかまいなく」と言ってはみたが、祖父は一心不乱にコーヒーを挽いており、私の言葉を聞いているのだか、いないのだか、はっきりしない。ただ、豆をペーパーフィルターに入れ真剣な顔でお湯を注いでいる。何もそんな顔をしなくてもいいじゃないですかと言いたくなるような必死の形相で、般若を思わせるほどの迫力だ。私は声を出すのもはばかられ、ただコーヒーが出来上がるのを待つしかなかった。

　やがて、祖父はデミタスカップに茶色の液体をなみなみと注ぎ、「コーヒーです」と、ひとこと言った。

　あたりには良い香りが漂い、コーヒーってこういうものを指すのかと私は感動した。それまで手で淹《い》れたコーヒーなど、飲んだことがなかった。喫茶店に入っても、頼むのはもっぱら紅茶とお菓子だ。

　そんな私を祖父は一人前の大人の女性として扱ってくれている。コーヒーを飲ませたくなる女だと思ってくれたのかもしれない。私は嬉しくて、小さな取っ手をぎゅっと握りしめ、こぼさないように注意しながら一口飲んだ。そして、思った。「に、苦い」と。それはインスタントコーヒーを飲み慣れた私からすると、同じコーヒーとは思えない、強烈な味だった。

　香りはいいとしても、あまりに苦く、濃く、ドロドロしている。本当のことを言うと、かなり不味かった。それでも、祖父はパイプをふかしながら、ニコニコと私を見ている。せっかく淹れてくれたのだ。飲まないわけにはいかない。私は覚悟を決めて、そのコーヒーをすすった。きっと本物のコーヒーとはこういうものなのだろう。イタ

第二章

次に、祖父・逸雄と祖母・小イシ

リア文学を専攻したヒトがこれだけ自信たっぷりに出すのだから、きっとこれでいいのだ、全部飲め、飲まなくては失礼だ、と自分に言い聞かせながら。

空きっ腹だったこともあり、祖父のコーヒーは思い切り胃にもたれた。コーヒーというよりエスプレッソに近かった。ローストがかなりきつく、豆の分量を間違えているのではないかと思うほど濃い。

不思議な体験だったが、さらに不思議なのは、祖父がコーヒーを一杯しか入れなかったことだ。なぜか太郎の分も、自分の分も、祖母の分もなかった。たった一杯、私にだけ淹れられたコーヒー、それも、ドロドロの。いったい、あれは何だったのだろう。祖母は祖父がコーヒーを淹れている間、何も言わずに部屋にいた。私が焦っていることに気づいていたはずだが、表情も変えずにただ見ていた。そして、祖父のコーヒーが出来上がると、祖母は「アタシはごめんこうむりたい。じいちゃんのコーヒーは嫌」と、逃げ出してしまったのだ。私は不安になり、「大丈夫なのか？　わたし」と思ったのを、今もよく覚えている。

それから年月を経て、私はコーヒーが好きになり、今では毎朝コーヒーを飲んでいる。コーヒーなしには一日が始まらないと思うほどだ。

けれども、今、神戸の我が家で淹れるコーヒーは、祖父のものとは似て非なるものだ。豆は既に挽いてあるものを使っているし、ローストも浅く、コーヒーメーカーを使っていい加減に淹れる。味も薄い。その代わり何杯飲んでも胃にやさしい。

祖父が亡くなってから濃いコーヒーを飲む機会もなくなり、その記憶も薄れつつあった。ところが、先日、神田の古本屋街に行ったとき、祖父が教えてくれた喫茶店がまだあるのに気づき、懐かしくて、入ってみた。注文したのはもちろんコーヒーである。ウエイトレスが運んできたコーヒーは祖父が淹れてくれたのよりは薄かったが、味はよく似ていた。少しずつ喉に流し込みながら、これこそが日本人が美しかった時代の味なのかもしれないと思った。

祖父に聞いてみたいが、時、既に遅し。祖父はもういない。私は祖父に聞き逃したことがあまりに多いのだ。残念だとは思うものの、祖父は私の質問に答えない人だった。だから、もし「このコーヒーはイタリア風なんですか？　どうしてこんなに濃いの？」と聞いたとしても、「いやぁ。さぁてなぁ」と言って、にっこりと笑うだけだったのではあるまいか。

私にとって夫の祖父である逸雄とは、そういう人であった。

そして、その謎めいた風貌と雰囲気に私は魅了されていたのだ。

祖父からもらったトインビー

祖父・三浦逸雄は、それからもずっと不思議な人であり続けた。とらえどころがなく、理解しようとしても、するっと手から逃げ出してしまう。それでも、祖父に会うと私はいつも安心していられた。若い頃は激しいところもあり、祖母を泣かせたこともあると聞く。けれども、私が会った頃は、激しさは影をひそめていた。私にとっては穏やかで、かっこいい男性だった。

祖父はあまり話をしなかった。軽い吃音障害があると自ら言っていたから、そのせいなのかもしれない。いや、それとも、話すのが嫌いだったのか……。はっきりしたことはよくわからないが、いつも遠くを見ながら、黙ったまま何かを考えていた。その目は、透き通っていて、綺麗な色をしたビー玉のようだ。

何も考えずにぼうっとしている私とは異なり、祖父が何かを考えているのは確かだった。ただし、何を考えているのかはわからない。

私は話を聞くのは好きだが、喋るのはあまり好きではない。だから、口数の少ないヒトといるとくたびれる。自分が何かを話さなくてはいけないと焦るからだ。

黙したまま人と向かい合っているのはお互い不安だし、相手に失礼ではないかと気に病んでしまう。そのため、自分を無理やり饒舌にしなければならず、時にはあることないこと喋りまくり、あとでぐったりしてしまう。

けれども、祖父といるときは、リラックスしたまま黙っていることができた。二人してこたつに入り、何も話さないままでいても苦にならなかった。祖父は沈黙しながらも、実に雄弁だったからだ。

大学に入ったことを報告したときのことも忘れられない。

太郎が「じいちゃん、このヒト、一浪したあと、大学に入ったんだよ」と、知らせると、「あぁ、そりゃあ良かった」と、喜び、拍手をしてくれた。そして、どこの大学か、どこの学部かも聞かず、ただ嬉しそうに笑い、コーヒーを淹れ始めた。

私は私で、「あ、やはり」と思った。おそらくコーヒーをご馳走になると思っていたのだ。そこで、あらかじめおなかに何か入れておこうと、会う前にカステラを食べておいた。胃もたれに備えてのことだ。空きっ腹に濃いコーヒーはこたえる。だからといって、「コーヒー、苦手なんです。特におじいちゃまが淹れてくれたコーヒーは胃にこたえます」などとは、口が裂けても言えないではないか。

ところが、その日は様相が違っていた。祖父はビスケットの缶を取り出すや、「これ」

第二章
次に、祖父・逸雄と祖母・小イシ

と言ったのだ。もしかしたら、私のげっぷに気づいていたのかもしれない。何も見ていないようで、しっかりと相手の様子を観察する繊細なところが祖父にはあった。

コーヒーが出来上がるまでの間、私は珍しく自分から話をした。話を聞いて欲しかったのだ。大学では史学科に入ったこと、できたら美術史を学びたいけれど、可能かどうかわからないこと、本当のことを言うと、大学に入学できただけでくたびれてしまい何を勉強したらいいのかわからなくなっていること、などを伝えた。すると、祖父は急に「あ」と言い、コーヒーを淹れるのを中断して、部屋を出て行った。「どうしたのだろう、何かよけいなことを言ったかしら」と不安に思っていると、隣の書斎からどたばたと音が響いてくる。

やはり、私は何かやらかしてしまったようだ。昭和三一年生まれの日本人は美しくないと思われたら悲しいと、ハラハラドキドキしていると、書斎から出てきた祖父は、私の鼻先に広辞苑くらいの大きな本をいきなりつきつけた。『歴史の研究』と書かれた、たいそう分厚い本だった。

祖父は何も言わなかった。「プレゼントする」でもなく、「読みなさい」でもなかった。言ったのはただひとこと、「トインビー」であった。本の著者の名前である。

私はうろたえたが、顔の前にある本をそのままにしておくことはできない。とりあえず有り難くおし頂いた。正直に言うと、持って帰るのが苦痛なほど重い本だった。ふうふう言いながら持ち帰り、どうにか家の本箱に押し込んだ。頭の上に落ちてきたら危険なほどの大きさだったので、下の段を定位置とした。

以来、祖父に会う度に「あの本は読みましたか」と、聞かれたら困るなと思っていた。難しくて読み進むことができなかったからだ。

あるとき、「もうお返しした方がいいでしょうか？　まだ最後まで読んでいないんです」と打ち明けたのだが、祖父は例によって、「いやぁ」と笑うだけだった。肯定しているのか否定しているのか、わからぬままに、祖父は逝ってしまい、本はとうとう返さずに終わった。

そして私は『歴史の研究』をちゃんと読むことなく史学科を卒業して、今に至るのである。

この原稿を書いていて、あのトインビーはどこにいったのだろうと思い出し、探してみたのだが、いまだに見つからない。私は本を捨てられないので、捨てたはずはないのだが、消えてしまっている。申し訳なく思うものの、ないものはない。せっかく魔窟のような書斎をひっくり返して探し出し、私にくれたものなのに。何としても探さなくてはと思っている。

謎のアドレス帳

祖父は私に昔の話をしない人だった。友人は多かったと聞いているが、誰と知り合いで、誰と一緒に仕事をしていたかなどを教えてくれなかった。

祖父の目は、いつも自分の目の前にいる人間だけに注がれており、過去について語る必要などなかったように思う。著名な人とも友達であったと聞くが、自慢話めいたことも言わなかった。いや、もしかしたら、彼らが有名であることすら知らなかったのかもしれない。

一度、私が雑誌「セルパン」の常連だった詩人について聞いたことがある。祖父はその雑誌の編集長をしていたから、当然、交流があったはずだ。しかし、祖父はこう答えた。「あぁ、いたねぇ。でも、もう死んだよ」と。そして、それ以上は話さなかった。

祖父が亡くなったあと、私は彼のアドレス帳を譲り受けた。掌に入るほどの小さな帳面にはびっしりと名前と住所が万年筆で書かれていた。中には私でも名前を知っている高名な方もいた。ただし、そのほとんどに横線が引かれ、消されていた。

「なぜこんなに消しちゃってるのかな」と夫に聞くと、「知らないけど、亡くなったんじゃない？　それとも、絶交した人かもね」という答えだった。

ほとんどの名前が消えたアドレス帳を、祖父はなぜ持っていたのだろう。その答えも謎のままだ。

おばあちゃんは新劇女優

三浦朱門の母がかつては女優だったと知ったとき、私はとても驚いた。綺麗な人ではあったが、ごく普通の家庭夫人に見えたからだ。「じいちゃん、テレビばかり見てないで、早くご飯を食べなさい」とか「お風呂に入ったの？」などと小言を言う姿からは、かつては舞台に立っていたという「過去」があったとは想像できない。清貧な雰囲気を身に纏った主婦。これが祖母・三浦小イシの印象だった。

ところが、彼女は若い頃は女優として活躍していた。新劇女優として舞台に立っていたという。

一八九八年に生まれた祖母が、故郷の新潟から出てきて東京の女学校に入る、それだけだって大変なことだ。ましてや家が没落し、自立して一人で生きていこうと考えて新劇女優になったと言う。あの時代に女優として生きる道を選んだのは、かなりの冒険だったろう。女優という職業も、現在のように皆の憧れを集めるものではなかったはずだ。むしろ、後ろ指をさされるのを覚悟して挑む職業だったのではあるまいか。

実は私も新劇の女優に憧れていたことがある。今思うと身のほど知らずの願いであり、実現すると信じていた自分を子供だったと思う。それでも、私は本気だった。実家の父が演劇青年で、高等学校のとき演劇部にいた。その話を聞いて育ったためか、物心ついたときには、演劇に対して深い思い入れを抱いていた。

父は小学生の私にたくさんの芝居を見せてくれた。おかげで、私はヴァン・ゴッホが主人公の「炎の人」やチェーホフの「かもめ」などに夢中になり、いつかは私も端役でいいから舞台に立ちたいと思うようになった。

好きなことを仕事とする、こんな幸福な人生はないだろう。

しかし、強硬に反対する人が現れた。母である。舞台女優になりたいという願望を母に打ち明けると、「夢みたいなことを言っていないで、宿題して、早く寝なさい」と、けんもほろろで、相手にしてもらえなかった。

けれども、私にとっての新劇女優は「夢みたいなこと」ではなく、「夢そのもの」だった。宿題して早く寝ることなど、できはしない。

かといって、どうしたら新劇女優になれるのかよくわからない。考えた末に図書館から戯曲を借りてきて、片っ端から読むことにした。将来、その役を演じるときに備えて、台詞を覚えておこうと考えたのだ。シェイクスピアやチェーホフの台詞を覚えさえすれば女優になれると信じていたのだから、我ながら幼かったとは思う。

それでも、女優になれれば、自分とは異なる人生を生きることができる。私は本気でそう考えていた。男性にもなれるし、外国人にもなれる。死体にだって、殺人犯にだって、貴族の奥方にも娼婦にも、なれないものはないのである。たとえ虚構の世界でも、こんなに素晴らしい職業はない。自分を縛るすべてのものから自由になれるのだから。

高校生になっても、私の芝居熱は冷めなかった。自分が主役になれるのは自分の人生においてだけだ、ということに気づき始めてはいたが、それでもいいと思った。

断固、反対していた母もあきれたのか、「そんなに好きならやったらいいわ。その代わり、勉強しなさい」と言ってくれるようになっていた。私は母が心配すると何もできないマザコン気味の娘だったので、母の了解をとりつけたのは百人力と、早速オーディションを受ける準備を始めた。大学に入ったら演劇部に入ろうと張り切っていた。

新劇女優は夢のまた夢

ところが、ここにまた大反対の人物が現れた。他でもない三浦太郎である。私がチャレンジしようとすることにはおおむね「いいよ」と言ってくれるヒトなのに、私のこの夢には大反対だった。「オーディションだって？　冗談じゃない」と怒髪天を衝く勢いで、怒る。

特に舞台に立つなんて、あり得ないと言うのである。

私は悲しかった。ようやく母から夢を叶える許しを得たのに、なぜ反対するのだろう。けれども、私は考え直した。芝居は人を喜ばすためになすべきものであり、人を傷つけてまでやるものではないだろう。私は身がすくんだようになり、劇団の入団試験を受けるのもやめてしまった。

結局のところ、私には勇気がなかったのだ。

なりふりかまわずに一歩を踏み出すことができなかった。周囲を傷つけてでもやりたいことはやるという気概がなければ、人はプロにはなれない。

祖母にはそれがあったのだろう。

祖母に「なぜ新劇の女優になったの？」と、聞いたことがある。すると祖母は「なぜって、家が破産しちゃってね、東京へ出てきて女学校に入ったんだけど、月謝が続かず、働くしかなかったのよ。で、まあ、女優になったというわけね」という答えが返ってきた。そ、そんな……。食うため？ ただ、それだけ？ 夢の女優像がガタガタと崩れた瞬間ではあったが、やはり勇気ある選択であることに間違いはない。

どんな職業でも、それを選ぶとき、覚悟が必要だ。私にはそういう強い思いが足りなかった。それだけはわかる。

私が祖母と親しく話ができるようになった頃、祖母は既に八〇才に近く、同じ話をテープレコーダーのように繰り返す日もあった。太郎からは、老人特有の症状だから気にしないようにと言われていた。そして、「ただ、聞いているだけで喜ぶよ。嫌じゃなかったら、聞いてあげて」と頼まれてもいた。たとえ頼まれなくても、私は祖母の話が聞きたかった。同じ話が何度繰り返されようとも、聞いていられた。太郎はそんな私を我慢強いと褒めてくれたが、私の場合、他の家族とは違い、毎日のことではないので、ただ楽しんでいればよかった。

それに、祖母が語ってくれる話には、私が挫折して覗くことができなかった芝居の世界が、万華鏡のようにちりばめられている。あれほど憧れながら、手を伸ばす勇気さえなかった世界、それを体験した人が目の前にいる。ただそれだけで、私にとって祖母は得がたいヒトであり、憧れの存在であった。

アンナ・パブロワにバレエを習ったですって？

祖母は、今で言うならアニメのヒロインのような可愛い声の持ち主だった。気管支拡張症のため、のどや肺に痛みを感じており、本人は肺を病んでいると思い込んでいた。そのため、私がそばにすり寄るのを嫌がった。

「アタシはね、肺が悪いのよ、あなたが感染したら大変だから、もっと離れてすわんなさい。近寄っては駄目よ」と、注意されてばかりいた。祖母のいる座敷に入ることを許されず、縁側に座って祖母の話を聞くように言われたこともある。それは女優と観客の間に横たわる距離に似ていた。特に意識することもなく、私たちは話を聞くのにちょうどいい距離を見出していたのかもしれない。

祖母は私が縁側にいても安心はしなかった。菌が飛んだら大変だと、いつも口に手を当てて話をした。しかし、さすがは元女優である。実に滑舌がよく、動作を交えながら話が進んでいく様は、よくできた芝居のようだった。

それはたとえば、こんな話だ。

ある日、祖母が属していた劇団のトップが、「これからは日本の女優もバレエを踊る必要がある」と演説した。そして、早速、レッスンが開始されると知らされた。どういう経緯かわからないが、来日中のアンナ・パブロワから本場のバレエを指導してもらおうという話が持ち上がったというのである。

「アタシもね、ビックリしちゃったんだけど、パブロワ先生がね、劇団に来てもいいってね、おっしゃったらしいのよ」

口に手をあてて、祖母は言った。

ビックリするのは私の方である。ビックリではすまない。ぶったまげたと言いたかった。

アンナ・パブロワにバレエを教わるですって!

そんなことあり得るの?

腰を抜かしそうな話ではないか。

アンナ・パブロワといったら、二〇世紀初頭に活躍したロシア出身の天才バレリーナだ。「瀕死の白鳥」を見事に踊ることで知られ、世界中の喝采をあびた大スターで

第二章

次に、祖父・逸雄と祖母・小イシ

ある。残念ながら、肺炎のため五〇才の若さで急逝したので、実際に舞台を観た人はそれほど多くはないだろう。まして、日本人が直接教えを受けたなんてこと、あり得るのだろうか。その頃、祖母はまだ駆け出しの女優だったはずだ。私はいぶかしく思った。

けれども、祖母の話は正確で、いつも同じ言葉が繰り返されるものの、ホラを吹いているようには思えなかった。ほんの一ヶ月前にバレエを教わったような口ぶりでその様子を活写するシーンは、聞いているだけでうっとりだ。

私は祖母に会う度にその話をせがむようになった。祖母の一人芝居を観ているようで、陶然となるからだ。祖母は祖母で、「アタシの話、そんなに面白い？　嬉しいこと言うわね」といつも張り切って話をしてくれた。何度も聞くうち、パブロワ先生に本当に教えを請うたのかどうかなど、どうでもよくなっていった。たとえそれが思い違いであってもかまわないと思うようになった。

「お稽古の日はとても緊張したのよ。だって、先生はアンナ・パブロワだもの。アタシ、ご不浄にばかり行ったわ」

口に手を当てるのも忘れ、祖母は言った。きちんと正座したその姿は、いずまいを正してパブロワ先生の授業を待つ若き日の祖母に重なっていく。

パブロワ先生の授業は、あり得ないほど貴重なチャンスだということを劇団のメンバー全員がわかっていた。しかし、その日が近づくと、祖母はこわくてたまらなくなった。バレエなど、どう踊ればいいのかわからない。そもそもバレエとはいったいどういうものかすら、よく知らないのだ。

そんな生徒の心を知ってか知らずか、パブロワ先生は、熱心に、丁寧に、基礎から教えてくれた。

祖母はまずパブロワ先生の脚の美しさに魅了された。つくべきところに筋肉がついていながら、足首が驚くほど細い。何よりも、まっすぐにすんなりと伸びている。それにひきかえ自分の足はどうだろう。畳の上での生活を続けてきたせいか膝がぽこっと出ていて、醜い様相を呈している。大きな座りだこまである。着物を着て生活しているため、内股歩きがしみついていて、どう考えてもバレエにはむかない。こんな足でいったいどうやって踊れというのかと、思ったそうだ。

祖母は猛烈に恥ずかしくなり、膝を隠しながら、「先生、無理ですから。アタシにはバレエなんて、そんなこと、できませんから」と後ずさりしたと言う。

祖母は実際に、腰がひけた状態で遠慮しながら後退する動作をして見せてくれた。

両手を前に突き出し、ダメダメと手を振りながら、ずりずりと後ろににじり下がる様子は圧巻であり、さすがパブロワ仕込みと思わせる迫真の所作であった。

祖母は「青い鳥」という芝居に出演したときの話も、何度か繰り返ししてくれた。

「アタシはね、水の精の役をしたのよ」と、ちょっと得意そうに、祖母は言った。主演は初代の水谷八重子。民衆座の第一回公演だったようだ。祖母は、三笠万里子という女優さんも一緒に出演したとも教えてくれた。後に作家の佐藤愛子さんのお母さまになった方だ。

偶然といえばそれまでだが、私にはそれがあり得ないほど希有なことに思える。同じ舞台に立った三人のうち、一人は日本を代表する女優となり、跡継ぎとなる女の子をもうけ、他の二人は作家の母となったのだ。偶然にしてはできすぎなのではないだろうか。

祖母は、結婚後も女優を続けた。やがて子供が生まれたが、舞台と育児の両立は難しい。やむをえず人に預けて仕事を続けていたが、最初の女の子を病気で亡くしてしまう。気落ちした祖母は、女優をやめた。再び授かった子供を二度と死なせたくないと思ったからだ。そして、生まれてきた長女と長男を大切に育てることに専念すると決めた。

彼女は子供達のために自分の夢をあきらめたのだ。

夏休みのお留守番

祖父はひ孫にあたる太一を、それはそれは可愛がってくれた。太一の方でも、人見知りをするようになっても、祖父にはなついていて、抱かれても泣いたりしなかった。普段はいたずらで暴れん坊だったが、祖父といるときはなぜかおとなしく、二人で何やらヒソヒソと内緒話ばかりしていた。

太一は言葉が遅く、二才を過ぎてもあまりはっきりとした言葉を発しなかった。何かを言ってはいるのだが、すべてを「うっくー」のひとことで片付けてしまう。私は自分の育て方が悪いのではないかと、随分心配した。母親からの話しかけが足りないと言葉が遅いと言う人もいて、私は不安になっていた。しかし、祖父は話をしない太一の言葉を完全に理解し、「そうか、あはは」と、応じていた。二人の間には会話がしっかり成立しており、私にはそれが不思議でならなかった。

一九八七年の夏のこと。私たちは夫の実家でひと夏を過ごすことになった。両親がヨーロッパに長期の旅行に出かけたので、留守番をかねて住み込むことにしたのだ。

一応、祖父母の面倒をみるということになっていたが、たいしたことはしなかった。普段から世話をしてくれる住み込みのお手伝いさんがいるので、私など役に立たなかったのだ。

それでも、ひ孫と遊びたいという祖父の望みを果たすべく、一日に一度は、隣の家に出向くようにしていた。太一は五才になっており、言葉が遅いと心配したのがうそのように、色々と面白いことを言う男の子になっていた。

第二章

次に、祖父・逸雄と祖母・小イシ

その年はとても暑い夏だった。それなのに、祖父たちは冷房をつけない。当然のことながら、家は蒸し風呂状態だった。クーラーがないわけではない。ちゃんとあった。親孝行の義父が買った上等なものが設置してあった。ただ、理由はよくわからないが、動いているのを見たことがなかった。祖母が冷房嫌いだったので、つけなかったのかもしれない。祖母はリモコンのすべてを自分の近くに置き、祖父が触るのを許さなかった。主婦とはそういうものだと言わんばかりで、彼女に反抗できるものはいなかった。

太一は寒さには強いが、暑さに弱い子供だった。きちんと水を飲ませないと、ぐったりしてしまう。母親としては心配で、ついていかないわけにはいかない。チャンスを見つけては水分を摂らせ、熱中症にならないように目を光らせなければと思っていた。

お昼ご飯が終わったあと、たっぷり水を飲ませてから、私と太一は隣の家に出かけた。幼い太一にとっては小さな冒険旅行のようだったのだろう。いつも嬉しそうについてきた。

祖父は暑い茶の間で、汗だくになって甲子園の野球を観ていることが多かった。太一の顔を見ると、「おう」と喜んで迎え入れ、面白い話をたくさんしてくれた。普段、寡黙な祖父だったが、その夏は割とよくしゃべり、私はその話に驚き続けた。

それはたとえばこんな話だ。

「僕はね、太郎には関取になって欲しかったんだ。でも、体格に恵まれなくてね、残念だ」

「せ、関取りですか？　お相撲さんてこと？」

驚愕した私が聞くと、祖父は珍しく答えを言った。

「あぁ、関取だよ。関取で十分だ。横綱や大関なんて贅沢は言わない。それは望みすぎだ。関取がいい。でも、まあ、もう無理だな」

そういえば太郎は祖父の前で、よくお腹をポンポンと叩く。それは塩をまく前の関取の所作に似ているようではあった。彼は彼なりに祖父を喜ばせようとしていたのかもしれない。

孫を関取にできず残念だと嘆く祖父の寂しげな様子に打たれ、私は励ました。

「がっかりしないでください。太一がなるかもしれませんよ。関取に。運動神経、いいですし。そう、太一を関取にしましょう」

我ながらいいかげんな安請け合いだ。

すると、祖父は「いや、太一は関取は駄目だ」と一言のもとに否定し、「太一には甲子園球児になって欲しい」と、奇妙にはっきり指定するのである。

ひいおじいちゃんが大好きな太一は張り切り、「なる、太一君、コウシエンキュウジになる」と、答える。……と、ここまでなら、まあ、微笑ましい話かもしれない。

私もそのときは、太一はなんて可愛い子なのかしらと思ったものだ。

炎天下での野球修行

ところが、である。祖父はその日から、庭で太一に野球を教えると言い出した。

祖父はそのとき、八八才。ひ孫に野球のコーチをする年齢ははるかに超えている。

おまけに外は猛暑である。

しかし、祖父はやると決めたらやるヒトなのだ。なぜかあっという間にグローブとプラスティック製のバットが用意され、翌日から野球の練習が開始された。

祖父は歯を食いしばり、目をひんむいて、太一にボールを投げる。それも浴衣姿で。前がはだけ、肋骨が浮いた胸板が見え隠れする。はっきり言って見るも無惨な姿である。投球ホームもめちゃくちゃだ。それなのに、ちゃんとボールは太一のもとへ届く。何よりも感心したのは、一度もデッドボールがなかったことだ。祖父は大事なひ孫に怪我をさせないように注意に注意を重ねて、投球していたに違いない。

かたや、太一は曾祖父の気持ちなどに気づくはずもなく、遠慮なくボールを打ち返す。どこかにすっとんでいくボールを拾いにいくのは私の役目だ。もちろん、空振りも多い。

野球だけではなく運動全般が苦手な私にとって、これは苦行だった。炎天下での野球修行なんてやめて欲しいと思った。このままでは祖父が死んでしまうのではないかと不安になった。

私は祖父の体を本気で心配したが、ついでに言うと、私は私のことも心配だった。この暑さのなかで野球の練習だなんて。甲子園球児だってきつい暑さだ。

このままでは自分が倒れてしまうと思い、「おじいちゃま、もうおしまいにしましょう。もう充分です」と提案したのだが、祖父は言うことを聞かない。いつも優しいヒトなのに「あんたは邪魔をしないっ。野球をしているのですから」の一点張りだ。私は呆然と二人の野球を見ているしかなかった。やがて、ボールを拾いに行く気力もなくなり、「おじいちゃん、死んじゃったらどうしよう。何のための留守番だろう」と心暗く、一人でたそがれていた。

数日後、果たして祖父はひどい筋肉痛となり、膏薬を貼って寝こんでしまった。「僕も年を取ったな」と残念がっていたが、年齢の問題というよりも、ひ孫と野球をするなんて、どだい無理な話なのだ。しかし、太一に「また、野球しようね」と約束していたので、油断はできなかった。

思った通り、その後も野球の練習は何回か行われた。しかし、筋肉痛には勝てず、周囲の人にも厳重に注意され、数回を経て練習は終了した。終わってよかったと、私は心底ほっとした。もしかしたら祖父もそう思っていたのではないだろうか。

練習が途中で終わったせいか、太一は甲子園球児にはなれず、野球はもっぱら観戦する男の子となった。それでも、彼は野球観戦が好きで、今も中日ファンである。

おじいちゃんが呪文を伝授？

ほっとしたのもつかの間、他の練習が始まった。祖父は太一に何かを教え始めたのだ。それが何だったのか、今もってよくわからない。おそらくはギリシャ語を教えていたのだろうと思うのだが、はっきりしない。

はっきりしないのには、理由がある。

太一と遊びにいくと、「あなたはいいから」と、母屋に帰されてしまうようになったからだ。とはいえ、いつ野球の練習が始まるかもしれず、私としては心配でたまらない。こっそり様子を見ていると、祖父は書斎から本を取り出してきて、ぼそぼそと何か言いながら、太一に何かを教えている。呪文のような言葉で、それが何なのかはわからない。しかし、とにかく何かを教え、それを太一が真似して繰り返す。

いったい何をしているのだろうと思うものの、トインビーを突き出してくるヒトである。きっと、何か良きことを教えているのに違いない。そして、それは太一にとって野球以上に大事なものになるだろう。

私の考えは間違ってはいなかったようだ。それから一三年後、太一は東京の大学に

第二章

次に、祖父・逸雄と祖母・小イシ

入学し、神戸の自宅を出て行った。ギリシャ哲学を学びたいという望みを果たすためだ。周囲の人たちは、「哲学だなんて、それも古代ギリシャだなんて。どうしてそんなことを考える子に育ったの？」と、驚愕して尋ねてくる。そう言われても、太一がギリシャ哲学を学ぶと言い出したとき、一番驚いたのはこの私である。宗教学を学びたいと言ってはいたが、哲学に興味があるという話など聞いたことがなかったからだ。

なぜだろう。

いったい、どこでどうなったのだろう。

哲学だなんて。

それもギリシャの古典だなんて。

のんきな私でも、就職先が極めて限られるとわかる。果たして食べていけるのだろうかと、不安になる。

そんなとき、私は思い出すのだ。あの夏の日、クーラーのきかない部屋で汗だくになっていた二人の姿を……。曽祖父から伝授された何かをきっかけとして、太一はギリシャ哲学を学ぼうという気持ちに至ったのではないだろうか。

もうひとつ、太一が祖父から影響されたのではないかと感じるできごとがある。彼は私には何の相談もなく、小学校で相撲クラブに入ったのだ。

学校から帰った太一が、いきなり子供用のまわしを買ってくれと言ったときの驚きを今もよく思い出す。当時も今も、太一は痩せており、とても相撲が強くなるようには見えなかった。それでも、どうしても相撲部に入りたいという。まわしを買ってやると、太一は心底嬉しそうだった。そして、相撲を続け、股割りもできるようになった。体格にさえ恵まれれば、関取を目指したかもしれない勢いだった。

私はといえば、せっかくトインビーの『歴史の研究』をもらったのに、ちゃんと読もうともせず、歴史学にも向き合わず、駄目な学生で終わった。

けれども、祖父の思いがひ孫に伝わるのを邪魔しなかった。それだけは良かったと思っている。

暑くて、熱いイベント

あの夏には、もうひとつ大きな思い出がある。祖父が私たちのためにイベントを開いてくれたのだ。

その日は、とりわけ暑かったのだが、突然、祖父が映写会をすると言い出した。

「おじいちゃまがお呼びですから、すぐに来てください」と、お手伝いさんに言われ、

第二章

次に、祖父・逸雄と祖母・小イシ

私たち一家は何ごとかと祖父の隠居所に出向いた。すると、まずは雨戸を閉めるように言われた。理由を聞きたかったが、聞かなかった。ニコニコしている祖父の顔を見ると、ケチをつける気にはなれなかったからだ。きっと何か深い考えがあるのだろう。いや、もしかしたら何も考えていないのかもしれないが、それはそれでいい。結婚して七年近くが経ち、私は祖父の人となりを少しは理解できるようになっていた。

祖父は見せたいものがあるからと言い、準備を手伝って欲しいとまたニッコリした。私はその笑顔に弱く、「はい、もちろん」と、反射的にうなずいてしまった。

まずは掘りごたつの板の上に、映写機をのせるように言われた。夫婦二人で汗だくで準備したのだが、祖父は隣にある書斎に入たまま、出てこない。何か探し物をしているようだ。手伝おうかと思ったのだが、書斎は踏みこみにくい領域なので、居間の畳の上に立ったまま、黙って待っていた。とても暑く、正直言って「かなわんなぁ」と思ったが、それでも何かが始まる予感がした。

太一だけが張り切って、遠慮なくドタドタと書斎に入りこみ、「ひいおじいちゃん、何してるの。早く、早く」とせがんでいる。

すると、祖父がクッキーの缶を抱え出てきた。「えっ！　まずはまたコーヒー？」と、ぎょっとしたのだが、その缶の中には、クッキーではなく、たくさんのスライドがきっちりと詰められていた。

「何のスライドですか？」と聞くと、「イタリア」とひと言。祖父がイタリアを旅行したときに撮影したものらしい。いつ頃、誰と、どのくらい旅したのか聞きたくてたまらなかったが、やめておいた。祖父は質問されるのを好まないと知っていたからだ。

それでも、私は嬉しかった。祖父はイタリア文学を専攻した人だ。当然、イタリアについては大変詳しいだろう。こんな素敵な映写会、滅多にお目にかかれない。

太一も期待でいっぱいになっている。私たちは感動し、猛烈な暑さも忘れたと、言いたいところだ。しかし、雨戸を閉めた部屋の気温はさらに上昇し、果たして最後までもつか、それが不安だった。イタリアのスライドでなかったら、逃げ出していただろう。

私もかつて一度だけ、ローマに行ったことがある。三浦の両親と一緒に行くことになっていて楽しみにしていたのだが、出発直前に赤ん坊ができたとわかった。妊婦が飛行機に乗って海外へ行くわけにはいかないと悩みに悩んだ。しかし、結局、「大丈夫」と何の根拠もなく決め、出かけることにした。

このとき、義母が旅に出るように後押ししてくれたことを私は今も忘れられない。長いこと楽しみにしていたヨーロッパ旅行だけれど、あきらめるべきでしょうかと相談すると、義母は「どうして？ 是非、行きなさいよ。迷うことないわよ。子供が生まれたら、行けなくなるわよ」と、断言した。「えっ！ 行ってもいいんですか？」と聞くと、「あなたが行きたいと思うなら、行きなさい。行きたくないなら、やめなさい」と、きっぱり言った。私としては到底許されることではないと思っていたので、たいそう驚き、そして嬉しかった。

だから、太一は一応はローマに行ったことはある。しかし、その目で見たことはない。たとえスライドの上の旅でも、祖父の解説付きで旅するのは、得がたい体験となるだろう。

トレビの泉、ベネチア宮殿、フォロ・ロマーノやジェス教会など、懐かしの名所旧跡を思い出しながら、私の胸は期待でいっぱいになった。

私はスライドのスイッチを押す係を命じられ、祖父が解説者、太郎と太一が観客だ。いよいよ、お待ちかねの映写会が始まった。それは今思い出しても、びっくり仰天の映写会であった。

古いスライドだったが、保存状況はかなり良かった。味のある映像が一枚一枚、写し出されていく。太郎が家庭用のスクリーンを探し出してきてくれたこともあり、かなり本格的な映写会となった。ただし、私からすると、ひとつ問題があった。映像にイタリアの景色がほとんど映っていないのだ。

スクリーンに写し出されるのは、祖父一人だけ。顔のアップや全身像が次々に登場するものの、いったいどこで何をしているのか、さっぱりわからない。ここは本当にイタリアなのか、行ったことにしただけではないのかと思うほどだ。

たまりかねて、「おじいちゃま、ここはどこですか？　イタリアのどこ？　ローマですか？」と聞くと、祖父は「ピサ」と、ひと言。有名なピサの斜塔がある町へ行ったのだろう。

しかし、目をこらしてみても、どこにも斜塔はない。祖父は壁のようなものに手をついていて、それが斜塔だと言うのだが、ピサの斜塔に直接触れることなど果たして許されるのだろうか。

「ピサの斜塔を見たんですか？」と、聞いても、つまらんことを聞きなさんなという顔で、「見たさ」と言う。けれども、どこにも写っていないのである。「どこに？　なぜピサの斜塔の写真を撮らなかったの」と非難をこめて言っても、「僕の横にあるだろ」という信じがたい答えが返ってくるだけだ。

「普通は斜塔も一緒に写すでしょう？　自画像じゃないんですから」と、私は言いたかった。

それとも、昔のカメラでは、その全容を撮影するのは無理だったのだろうか。煩悶する私など意に介することもなく、祖父は太一に「ここがピサの斜塔だ。ひいじいちゃんはピサに行ったんだぞ」などと教え、太一は太一で「ふーん、ピサね」と、感心している。

私は思い切り脱力し、「ピサの斜塔じゃないでしょ、これはおじいちゃんでしょ」と言いたかった。けれども、次のスライドに早く変えるようせき立てられるので、渋々スイッチを押し続けた。

そんなことを繰り返すうち、「ま、いいか」と思うようになった。祖父と一緒にいると、そういう気持ちになる。いちいち目くじらを立てることはないと、心底思えてくる。もし、私がピサの斜塔に行くことになったらガイドブックを読み込み、前もって徹底的に調べあげ、短い時間に効率よく観光するよう努力するだろう。写真もたくさん撮影し、帰国したら皆に見てもらうに違いない。ただし、私の姿ではなく、名所旧跡の写真をだ。

そこにあるのは、私のせこい考えだ。高い交通費とホテル代をかけて行った場所である。まして、一生に一度、行けるかどうかわからない。何とかして元を取らなくてはいけない、そんな風に考えるに違いない。

しかし、祖父は違う。

元を取らなくてはとか、せっかく行ったのだから記録を残しておこうと思ったりはしない。スライド映写会だってひ孫を教育しようと思ってのことではないだろう。ただ、祖父はひ孫にイタリアのスライドを見せよう、そう思い立ったから、だから見せただけのことだ。

結局、「ま、いいか」状態のまま映写会は進んだ。ローマにいるときのスライドにはかろうじて背景に景色が写り込んでいるものもあった。しかし、それがいったいローマのどこなのか判別することは、やはりできなかった。ローマのスライドはなぜか写りが悪く、祖父の姿さえぼやけていてよく見えない。それなのに、なかなかに味のある、良い写真ばかりだった。いったい誰が撮影したのだろう。それもよくわからないまま、次々と祖父の姿が現れては消え、消えては現れるが繰り返された。

まさに「自画像の会」と呼びたくなるようなスライド上映会であった。

暑さも手伝い、私は次第にげんなりしてきたのだが、太一は最後まで熱心にスライドを見ていた。そして、新しいスライドに変わる度に、「あ、ひいおじいちゃん」と反応している。祖父は祖父で飽きることなく「そうだ、そうだ。ひいじいちゃんだよ」と、手を叩いて喜んでいる。

私の心配をよそに、太一はひいおじいちゃんがイタリアにいるということを理解していたようだ。

こうした浮き世離れした感覚は、私が息子に教えてやれないものだった。親というのは、食べさせたり、飲ませたり、洗濯したりするのに精一杯で、無駄なことをしている暇はない。正直に言うなら、スライドを見ている時間も惜しい。その間にやってしまいたいことが山ほどあるからだ。映写会も、祖父の命令だったから、仕方なく参加しただけのことだ。

しかし、祖父はひ孫の太一に日常生活では得ることができない何かを与えてくれた。祖父は高齢で、太一の服を着替えさせたり、声に出して絵本を読んでやったりは、したいと思ってもできない。野球のコーチも無理に無理を重ねてようやくそのまねごとをしただけに終わった。

けれども、祖父は画集を広げて見せたり、ぼろぼろになった革製の辞書に触らせたりしながら、辛抱強く相手をすることができる。その接し方は、いわゆる実践的な教育とはかけ離れていたかもしれない。しかし、その分、損得の感情がない。むしろ役に立たないことばかりを教えている。

祖父が太一に教えようとしたのは、野球やイタリア旅行の見聞ではなかった。目には見えないけれども、確かにそこにある何かを伝授しようとしていたのだろう。子供を教育するとき、「読み書きそろばん」的な技術を教えることはどうしても必要だ。学校の成績も気になる。しかし、それとは別に、役に立たなくても必要な何かを伝えることも大切だと私は信じている。そして、その教えはどこか秘密めいた雰囲気で行われてこそ、効力を発揮するのではないだろうか。

振り返ってみて思うこと

祖父は自分が興味があることをひ孫に伝えた。それが良かったのか悪かったのか、今となってはわからない。しかし、後年、太一が大学でギリシャ哲学を学ぶと言い出したとき、私は驚きつつも、あの夏の日の映写会を思い出していた。

突如始まったあの映写会が、今日という日を導いたのではないだろうか。

祖父は望んでいただろうか。ひ孫にギリシャ哲学を勉強して欲しいと願っていたのだろうか。今となっては確かめようもない。たとえ聞いても、祖父はただ「いやぁ」と、笑い、私を煙に巻いただろう。

結局、どうしてそういうことになったのかは謎のままだが、それでも、とにかく息子はギリシャ哲学を専攻した。苦労の末に大学院を卒業したあと、本人の努力と幸運にも恵まれ、就職も果たした。今は大学で哲学を教える新米の先生として奮闘している。

彼が哲学を専攻しようと考えたのは、あの夏の経験が根底にあると私は信じている。本人素っ頓狂なことを教えてもらったからこそ、哲学を学ぶ気になったに違いない。本人にとって、それが果たして幸福だったのかどうか、私にはわからない。しかし、きっと逃れられない運命だったのだろう。

文学部への進学は、これをやったら損か得かを考えていたら果たせないものだろう。祖父も義父も夫も、文学部以外の進学は考えたこともなかったというのだから、珍しい人たちだと思う。そのおかげで、息子は哲学科に進学するという道を選んだのだろう。

ところで、酷暑の中の映写会が終わったとき、最後まで部屋にいたのは私と息子と祖父の三人だけだった。祖母は最初から「じいちゃんのスライドなんか見たくない」と参加していなかったし、太郎は太郎で、「暑い」と遁走していた。

本当は私も逃げ出したかったのだが、スライドのスイッチを押す役目もあり、逃げ出しそこねた。

それに、もうひとつ心配なことがあったので、監督のために残ったのだ。

そして、その心配は杞憂には終わらなかった。

映写会が終わり、雨戸を開けていると、祖父がやおらゴリゴリとコーヒー豆を挽きだしたのだ。や、やっぱりと思ったが、もう遅い。それも私にではなく、太一に淹れてくれたのだ。

小さなデミタスカップに注がれたコーヒーを、太一は神妙な顔で飲んでいた。おいしいとも不味いとも言わずに、口をすぼめて、半分くらい飲んだ。彼にとって生まれて初めて飲むコーヒーであったろう。

その夜、果たして太一はなかなか寝つかなかったが、それがコーヒーのせいなのか、映写会で興奮したからか、私にはわからない。ただ、何かとてつもなく大きなものを得たのは間違いないとは思った。世代を超えて伝わるものは、そのときはとんでもないことのように思えても、やはり意味があるのだろう。

武蔵境の明るい一家

三浦逸雄について、もうひとつお伝えしたいことがある。

祖父は祖母と一緒に暮らし始めた頃、東京の下町にいたようだ。ところが、しばらくすると武蔵境に引っ越した。自然豊かな場所で子育てをしたかったのだろうか。

それとも、単に家賃が安かったからか。今となってはわからないが、家族四人の毎日は楽しかったという。

まったくの偶然だが、私も大学時代に武蔵境で暮らしていたことがある。父が東京から札幌の支店に転勤となったため、私は下宿暮らしを始めることになった。娘の一人暮らしを心配した父は、恩師の奥様が経営していた女子寮に住むように手配してくれた。

当時、武蔵境に下宿していると義父の朱門に報告すると、「へェ、奇遇だね。子供の頃、住んでいたんだよ。下宿のアパートは武蔵境のどのあたり？　獣医大のそば？」と確かめ、本当に嬉しそうな顔をした。

義父にとって武蔵境での毎日は、楽しい思いに満ちたものだったようだ。後に、義父は武蔵境での経験を基に『武蔵野インディアン』という小説を書いた。先祖の代から武蔵野で暮らしてきた人々を「武蔵野インディアン」、東京から移り住んだ自分を「東京白人」として、両者の交流を描いた小説だ。

『武蔵野インディアン』は私にとっても、深い思い入れがある作品だった。義父は私に滅多に頼み事をしなかったが、武蔵野インディアンを書くための取材に出るとき、「暁子さんと太郎が一緒に行ってくれると嬉しいんだけどな」と、言った。その頃、義父は足を怪我していたので、一人で出かけるのが不安だったのかもしれない。いずれにしても、私は嬉しかった。義父の原風景を見ることができると思ったからだ。

私はふたつ返事で引き受け、太郎のナビゲーションに助けられながら、武蔵野の台地をあちこち走り回った。義父は車の中で武蔵境で暮らしていた頃の話をしてくれた。生き生きとした口調で、目の前に昭和初期の武蔵野の面影が蘇ってくるようだった。

「きっと良い作品ができるな」とドライブしながら確信したのを今もよく思い出す。

ただ、ひとつだけ不思議に思ったことがある。義父が語る武蔵境での毎日は、幸福に満ちているが、武蔵境で暮らしていた頃、三浦逸雄一家の家計は火の車だったはずなのだ。祖父は翻訳で生計をたてていたが、原稿料は遅れがちで、入金されないこともしばしばだった。当然、生活は不安定なことこのうえなく、さぞやひやひやしたと思う。家庭の中が暗くても当然だ。義父はまだ幼くて、状況を理解できなかったのだろうか。

これは私の想像だが、三浦逸雄という人は、収入のあるなしに頓着しない人だったのではあるまいか。そのため、家族に不安を与えることなく、たとえ貧しくても、家族は底抜けに明るく暮らすことができた。

米びつの中のお米が残りあとわずかになり、明日からどうやって食べていこうかという危機的状態に陥ったことがある。そんなときでも、祖父は一切、動じなかった。それどころか、お櫃《ひつ》に残っている最後のお米を全部炊いておむすびを作るや、「家にいたって仕方がない。みんなで絵を描きに出かけよう」と提案した。祖母や子供達も、「そうだ、そうしよう」と、おむすびを大事に抱え、嬉々として写生に出かけた。

さすがの祖父も心の中では「いったい、明日からどうやって食べていこう。二人の子供達は食べ盛りなのに」と、悩んでいたのかもしれない。それでも、彼はどこかとぼけた雰囲気があって、貧乏に身をまかせてしまうところがあった。何ごとにつけ「なんとかなるさ」というのが、三浦家の合い言葉であった。だからこそ、伯母は絵を描くのに熱中し空腹を忘れていられたのだろう。義父はといえば、写生に参加することなく、ただぼんやりあたりを見物していた。絵を描くのは苦手だったのだ。両親も息子に画を描くようにと命じたりもしなかった。家族それぞれがてんでばらばらに好きなことをする、それが三浦家の持ち味であった。「何とかなるさ」と、思っているので、こわいものはなかったのだろう。

そして、驚くことに、実際、何とかなったのだ。

最後のお米で作ったおむすびを食べ終わり、家に帰ると、玄関に電報を持った郵便屋さんがうろうろしていた。「何だろう、親戚でも亡くなったか」と思ったら、祖父を「セルパン」という雑誌の編集長として採用するので、来社して欲しいという知らせだった。

呑気な一家は思っただろう。「ね、なんとかなるもんだ」と。

こうして、ほぼ失業者状態だった祖父は、晴れてサラリーマンとなり、定収入が約束される身分になった。早速、翌日から、朝早くに武蔵境の自宅を出て、会社のある市ヶ谷まで電車に乗って通勤する毎日が始まった。

祖母は女優をやめて、二人の子育てに専念していたので、祖父の肩に一家四人の生活がかかっていた。呑気とはいえ、晴れて編集長になったのは、さぞや嬉しかったことだろう。

亀倉雄策氏との出会い

武蔵境で暮らしているとき、義父は運命と呼ぶべき出会いをした。

それは武蔵野の藪の中で起こった。

現在の武蔵境は繁華な町で、駅前には大型スーパーがある賑やかな場所だ。

しかし、祖父が家を構えた頃は、武蔵野の面影が色濃く残り、東京に隣接する町だとは思えないほど、寂しいところだった。不動産会社が宅地として開発したものの、

第二章

次に、祖父・逸雄と祖母・小イシ

売れ行きは芳しくなかった。駅前周辺は木々に覆われ、その中に家が数軒、身を寄せ合うようにひっそりと建っていた。祖父はその中の一軒家を借り、家族四人で暮らし始めたのだ。

周辺は草っぱらで、夕方になると人影もまばらな寂しい場所だった。しかし、幼い義父にとっては夢のように楽しいところだった。藪の中を探検していると、あっという間に日が暮れていく。

いつものように、藪の中で一人で遊んでいると、見知らぬ少年がいるのに気づいた。テントを張り、そこで本を読んだり、絵を描いたりしているらしい。

誰だろう、どこから来たのだろう。じいっと見ていると、少年も義父に気づき「名前はなんていうの?」と、尋ねてきた。まだ幼かった義父はまわらぬ舌で、「シモンちゃん」と答え、少年の方も「僕は亀倉雄策」と名乗り、二人は友達になった。

シモンちゃん四歳、亀倉雄策一五歳のときである。

以来、「シモンちゃん」は、少年の後をくっついて歩くようになった。年は離れていたものの、二人は仲の良い友達になったのである。

二人の出会いは、亀倉少年と「シモンちゃん」の父である逸雄との出会いにつながった。

逸雄はいつも息子と遊んでくれる亀倉に感謝していた。そのお礼をしなくてはと思ったのか、それとも、亀倉少年の中にある鬱屈を感じ取ったのか、家に遊びに来るよう誘った。

その頃の亀倉少年は、かつては素封家であった実家が没落し、新潟から転居してきて武蔵境で暮らしていた。思うようにいかない人生を抱え、自分の将来について思い悩んでいた。どうしていいかわからぬままに、彼は藪の中に潜み、一人で考えこんでいた。それを知った逸雄は、親身になって相談にのるようになった。

逸雄は、まだ中学生の亀倉を一人前の男性として扱った。そして、文学や美術、映画や芸術、海外の話題など、対等に語りあった。逸雄は亀倉を「カメちゃん」と呼び、可愛がり、亀倉の方も、学校では教えてくれない知識を持つ逸雄に魅了され、師と仰ぐようになった。

逸雄は博学だった。特に海外の美術に詳しく、持っている画集を亀倉少年に見せては、ひとつひとつを解説した。それは鬱屈した亀倉の心に一筋の光が射した瞬間となった。逸雄の持つ突き抜けた明るさが、孤独な亀倉を照らしたのだろう。

二人の楽しい日々の幕開けは、亀倉にとっては、学びの日の始まりとなった。

藪の中に一人ぽつんといる少年を危険視する人もいただろう。しかし、逸雄は頓着しなかった。むしろ、ボヘミアンとして生活する少年に自信を与えようとした。亀倉の方も、逸雄の言葉に対しては従順だった。「この映画はいいよ、観るといいよ」と勧められると、すぐに出かけて行き、感想を報告する。若さ故にとんがった意見を述べても、逸雄は優しい口調でそれを諭し、行くべき道を示してくれた。

それだけではない。

やがて、逸雄は亀倉に仕事を依頼するようになった。自分が編集長をつとめていた雑誌「セルパン」に挿絵を描いてみたらどうかと勧めたのだ。彼に絵の才能があるのかどうかわからないのに、なんと思い切った決断だろう。それだけ亀倉を信頼していたということなのだろうか。それとも、既に彼の並々ならぬ才能を見抜いていたからなのか。そのあたりの事情はよくわからないが、逸雄の推薦を受け、亀倉は晴れて「セルパン」の挿し絵師となった。

それだけではない。図案家になろうともがく亀倉の心中を察して、逸雄は亀倉をまずは映画評論家としてデビューさせた。後に、世界的なグラフィックデザイナーとなる亀倉雄策だが、その扉を最初に開けてくれたのは、「シモンちゃん」の父・三浦逸雄であったことに、私は素直に感動してしまう。

そんなこと、あり得ないと思う方もいるだろう。どこの馬の骨かわからない男の子をそこまで重用するなどということは、物語としては面白いかもしれないが、現実感がない。もし、三浦逸雄という人を知らなかったら、私もそんなことは作り話だと考えたかもしれない。

けれども、私は知っている。三浦逸雄とはそういう人だった。不思議な力を駆使し、人を導く力を持っていた。

亀倉雄策に対しても、本人のあずかり知らぬところで、行く道を示したに違いない。祖父は私に亀倉雄策と知り合いだと言ったことはなかった。まして、自分が師匠のような存在だったなどと、自慢したことは一度もない。そもそも彼の名前を出して話してくれた記憶がないのだ。私などに言っても、亀倉の良さなどわかるまいと思ったのかもしれないが、それだけではないだろう。

亀倉の才能を見出したのは自分だと吹聴することもなく、祖父はただ静かに彼の活躍を見ていたに違いない。祖父の言う「日本人がまだ美しかった時代」とは、こういうことを指すのかもしれない。

美というものを考えるとき、私のまぶたの裏には、今は亡き三浦逸雄の笑顔が浮かぶ。おまんま食うのも大事だが、もっと大事なものがこの世にはあるのだよと教えてくれるあの姿。それが私にとっての祖父・逸雄だ。

祖父は気づいていただろうか。自分には人の才能を見抜く力があることを。彼は、それを育てるためには何をすべきか具体的に示すこともできた。その意味では、生まれながらの教師だったのかもしれない。ただし、教壇の上から何かを講じるのではなく、どこかに通じる秘密の扉をこっそり開けては中を覗かせて教えた。だから、祖父の生徒達は学んでいるのだか、遊んでいるのだか判然としないままに、今まで知らなかった知識を身につけていったのだろう。

第三章

そして、義父・三浦朱門

三浦朱門との初対面

舅の三浦朱門は、怒らない人だった。嫁の私に対して言いたいこともたくさんあったろうに、叱られた覚えがない。強いて言えば、注意されたことは一度か二度くらいはある。しかし、それも叱るとか嫌みを言ったわけではなく、先生が生徒の成長を望んで訓示するのに似ていた。

あまり舅を褒めると、「舅に気を使っている」と思われるのもなんだなと、今まであまり言わずにいたが、これは本当のことだ。結婚してからずっと、私は義父をとても頼りにしていた。

義父は子供の頃に中耳炎をこじらせ、片耳がほとんど聞こえなかった。年齢を経るにつれて聞こえていたはずの耳も聞こえなくなり、会話が成立しにくくなった。それでも、ホワイトボードを使えば私たちは会話することができた。私がボードに書き、義父が答えるを繰り返していれば、意思の疎通はきちんとできた。もし義父が書き、私が答えるだったら大変だったろう。彼は猛烈な悪筆だったからだ。出版社の担当編集者には、三浦朱門の字を読むことができる人が選ばれたと聞いている。

第三章
そして、義父・三浦朱門

義父が亡くなったときの喪失感は大きかった。義父が弱っていると知っていながら、私は東京の家にあまり行くことができずにいた。夫がサルコーマという癌を患い、大阪の病院に入院中だったからだ。老いていく義父に何もしてあげられなかった。その思いは、今もなお私を苦しめ続ける。

自分でもどうかしていると思うほど、私は義父を慕っていた。結婚してすぐの頃、義父が家族の立ち位置を教えてくれたことも忘れられない。三浦の家には、家族だけではなく、秘書やお手伝いさんも働いており、核家族で育った私にはわからないことだらけだったのだ。義父はとまどう私に細かくその振る舞い方を教えてくれた。

だからこそ、どうにか今も結婚していられるのだろう。わからないことがあったら、悩まずに聞くようにと、いつも言われた。そして、そのアドバイスはいつも的確だった。

ところが、初対面の印象は、あまり良くなかったのだ。

まず最初に「異人さんのようだ」と思い、後ずさりしそうになった。黒船に乗ってきたペリー提督に初めて会った日本人ではあるまいし、「異人」というのは時代遅れな表現だとわかってはいるが、とにかくそう思ってしまったのだから仕方がない。

そのとき、私は、なぜか「外国人」ではなく、「異人」だと感じた。

義父を「異人」と感じたのは、そこが羽田空港だったことも影響しているのかもしれない。

義父と初めて会ったのは、私が高校三年生のときのことだった。一年上の上級生に、旅行から帰ってくる太郎先輩を羽田空港まで一緒に迎えに行こうと誘われ、ついていった。到着口から出てきた太郎が傍らにいた男性を指さし、「これ、おやじ」と紹介してくれたのが、後に我が舅となる三浦朱門だった。

成田空港ができる前のことで、羽田空港は文字通り、世界の玄関口だった。外国に行ったことのなかった私にとっては、そこは外国へつながる入口に思えた。そのため、ことさらにそう感じたのかもしれない。

ただ、義父を異人のようだと思ったのには、他にもいくつか理由がある。

まずは、その背の高さと姿勢の良さに圧倒された。私の実家の父も背が高い方だったが、義父はさらに背が高くすらりとしていた。そして、見たこともないような素敵なコートに身を包んでいた。卵色に近いベージュのコートで、ちらちら見える裏地にはエルメスのスカーフのような綺麗な柄の生地がはってある。

義父は私を上からじっと見つめるや、「どうも」と、言った。ビクビクしながらお辞儀をし、上目づかいで観察すると、ガラス玉のような透き通った茶色い瞳が光っていた。黒目のところが鳶色《とびいろ》を帯びていて、私がどんなにとりつくろったところでなにもかも見通してしまう、そんな冷静さをたたえた瞳の持ち主だった。

思い出してみると、それは温かなまなざしとは言えなかった。かといって冷たいわけでもない。ただ、凝視されると身がすくむ、そんな冷静さを感じさせるものであり、私が初めて出会う不思議な瞳だった。

肌の色も独特だった。象牙色とでも言ったらいいのだろうか。色白と言ってしまえばそれまでだが、なんとなく他とは違う綺麗な色の肌をしていた。

洋服も背格好も挨拶の仕方も、私の知っている「日本のお父さん」とはまったく異なるヒト、それが三浦朱門との初対面のときの印象だった。

そのとき、私は義父のことを「異人さん」と感じただけで、義父の持つ優しさや冷静さ、そして、どこか複雑な笑いの精神に気づくことができなかった。そもそも高校生の娘が、たった一度会っただけでその人となりを理解できるはずもない。結局、義父が本当はどんな人か、その優しさはどこからくるのか、それから何十年もかけて私は少しずつ知ることとなった。

ところが、義父の方は私を即座に理解していたように思う。あの独特な目で凝視しながら、初対面のときには既に私の欠点と長所に気づいていたとしか思えない。

晩年になって義父は私に「初めて会ったときと、暁子さんは変わらないね」と、よく言った。それに対して、私が「お父さまは、初めて会ったときとは違う人です。おおいに変わりました」と答えると、ただ楽しそうに笑った。そして、その鳶色の目を見ても、怖いとは思わなくなっている自分を発見し、嬉しいと思った。

ところで、結婚前の女性から、舅や姑になる人と初めて会うとき、緊張してどうしていいかわからないと相談されることがある。そんなときは、時間をかけて理解し合えばいいのだと答えるようにしている。自分がそうだったからだ。他人と家族になるためには、とにかく時間が必要だ。たとえ行き違いがあっても、時が解決することってやはりある。

その後、祖父の逸雄と会ったとき、祖父をローマ人のようだと思ったことを考えると、二人は親子だけあって似ていたのだろう。性格も顔も違うれど、皮膚の色はうり二つだった。そして、その色の白さと異人のような外見は、代々受け継がれているようで、息子の太一も肌が白い。ついでにいうと、髪も金髪まじりだ。これもひとつのローマ系？　などと思う私である。

義父が焦った日

義父はいつも落ち着き払っているように見えた。家族の誰かが怪我をしたり、お手伝いさんが急に辞めてしまったり、車が突然、故障したりしても、オロオロすることなく、冷静に必要な手を打った。

私は生来、なにかにつけてすぐに焦る性格である。急に何かが起こると、対処の仕方がわからなくて、「どうしよう、どうしよう」と、ワナワナと震えてしまう。義父はそんな私を見ると、「大丈夫だから。そんなに焦りなさんな」と諭してくれた。

なぜ、あんなに落ち着き払っていられるのかと不思議に思い、あるとき、その理由を尋ねたことがある。すると義父は穏やかな顔で、「物事が思い通りに進むなんて思っていないからだよ。いつも何か突然のことが襲うように起こるのだから、前もって備えておくなんて無理なんだよ」と、答えた。私は心底感心し、少しは真似をしなくてはと思ったが、うまくいかなかった。どうして私は義父のように達観して、物事に対処できないのだろう。自分で自分が情けなかった。

「私ももう少し年をとれば、そんな風に達観できるでしょうか？」と尋ねると、義父は「達観なんかしてないよ。あきらめているだけだよ」と言う。どうせ人生、それほどいいことが起こるはずもない。最初からあきらめていれば、失望することもなく、焦ったりもしない、というのである。

確かに義父は他人に期待しなかった。私に対しても、嫁だからこういうことをしてくれるだろうなどと、思っていなかったはずだ。それは優しいからだと思い込んでいた。しかし、実のところは、はかない望みを持つと、それが果たされなかったとき、がっかりしたり、腹が立ったりするからだったのではないかと、今は思う。

その意味では、義父ほど胸に深い絶望とあきらめを抱えていた人はいないのかもしれない。

けれども、そんな義父が焦ったところを見たことがある。正確に言うなら、顔ではなく、焦りに焦った後ろ姿だ。

まだ私が結婚する前のこと、ホテル・ニューオータニで義父と待ち合わせをした。ホテルの近くにある中華料理屋さんで三浦の両親と太郎と食事をする予定だった。太郎は名古屋にある南山大学の学生だったので、授業を終えて、新幹線で直接、店にやってくることになっていた。義母も仕事先からやってくるので、店で合流しようという段取りだった。

私はそのお店に行くのが初めてだった。義父は、私が迷わずにたどり着けるかと心配し、ホテル・ニューオータニのロビーで待ち合わせ、お茶でも飲んでから一緒に行こうと提案してくれた。

皆に会う前にお小遣いをひきだしておこうと地下にあるATMにいたら、横を義父が通りかかった。「あら、おじさま、私も行くところ」と声をかけ、二人でロビーに上るエスカレーターを探してうろうろしていると、前からやってきた素敵な紳士が「あ、三浦さん。お久しぶり。お元気ですか?」と、声をかけた。有名な作曲家の先生だった。義父もにこやかに「やぁ」と応じ、二人で近況を報告し合っていたのだが、彼は背後に私がいるのに気づくや、にわかに焦り出し、「いや、あ、三浦さん、これは失敬した。気づきませんで」とUターンし、ものすごい勢いで立ち去っていった。

おそらく私を義父の恋人だと間違えたのだろう。私は初対面の人に会うのが苦手なので、義父の後ろに隠れるようにしていた。それがあらぬ誤解を生んだに違いない。そのくせ、隠れている割には、著名な作曲家をこの目で見たいと、背後からチラチラと視線を泳がせていた。思い出してみると、さぞや怪しい存在だったことだろう。

義父は最初、何が起こったのかわからなかったようだ。しかし、一瞬の戸惑いのあと、「あっ!」と言い、彼を追いかけた。私が息子のガールフレンドであること、これから家族でご飯を食べにいくところで、ただ待ち合わせをしただけだということを伝えようとしたらしい。

ところが、くだんの作曲家は「無粋なことをした」と言わんばかりに、「い、いや。ま、また」とか何とか言いながら、風のように姿を消してしまい、あとには呆然とした義父と私が残された。

「誤解されたみたいですね」と、私はニヤニヤしながら言った。実はちょっと嬉しかったのだ。年上の男性と秘密の関係にある女子大生に見られたなんて、ドラマみたいで素敵ではないか。

それなのに、義父は心底困っているようで、「まいったな」と落ち込んでいる。私はちょっとむくれて、「いいじゃないですか。誤解されて光栄です。嫌なんですか? ちょっと嬉しくないですか?」と言い張ったのだが、義父はげっそりしていて、聞こえているのかいないのかさえわからなかった。

振り返ってみると、それは私が滅多に見ることのなかった義父の焦った姿を見た日となった。その後に出かけた中華料理屋さんで、義父はことの一部始終を巧みな話術で、義母と太郎に報告していた。私はといえば、実はまんざらでもなかったと言いたかったのだが、黙っていた。そんなことをしたら、義父がまた焦り出すと思ったからだ。

そういえば、実家の父といるときにも、同じようなことがあった。当時、父は札幌支店に勤務しており、私は東京の大学に通っていた。そのため、父に会うのは実家に帰ったときに限られていた。ところが、父は多忙で、私が実家にいても、朝会うだけのことが多かった。

それではいけないと思ったのか、父がある日、仕事が終わった後、札幌の繁華街であるススキノでご飯を食べようと誘ってくれた。私は喜んで出かけて行った。

華やかなネオンが輝くススキノが珍しく、興奮しながら一緒に歩いていたときのこと、前からやって来た美しい女性が父を見つけて走りより、「あら、ターさん。お久しぶり。最近、顔を見せてくれないじゃない」と、可愛い声で言った。どうも行きつけのバーのママらしい。父は私に「あっちに行ってろ」という顔をしたが、面白いのでことさらに父に体を寄せると、彼女は「あら、この子、どこの子？」と、眉をひそめる。父が「娘だよ。今、帰って来てるんだ」と必死で答えるのだが、ママは「坊ちゃんがいるとは聞いてるけれど、女の子がいるなんて初耳よ」と、許してくれない。

そこで私も「いつも父がお世話になっております」と、改めてご挨拶をしたのだが、美しい方は美しい顔のまま、「あら、どうも」と答えるや、姿を消してしまった。

「お父さん、あれ、誰?」と聞くと、父は答えた。「知らない」と。「知らないわけがないでしょう」と言うと、「化粧しちゃうと、女の人はわかんなくなるだろ」と、ごまかす。では、化粧をしていない顔を知っているのかと突っ込んでやろうと思ったが、そこは引き下がっておいた。

実家の父がそのときどれほど焦ったか、義父に話したことがある。

すると、義父は笑いながらも「そりゃぁ、晋さん(父の名前)、災難だったな。気の毒だなぁ」と答えた。私が「でも、私、ちょっといい気味だと思いました。口止め料にワンピース、ねだってやればよかった」と言うと、義父は笑わずに「かわいそうだよ、それ」と、真顔で答えた。

おそらく、義父は思っただろう。

子供が息子でよかった、娘なんかマッピラだと。

何も望まない義父

義父は私に何も望まなかった。

第三章
そして、義父・三浦朱門

良い嫁であれとか、夫を大切にしろとか、姑とうまくやってくれとか、何も言わなかった。ただ、いつまでも綺麗でいるように努力して欲しいとは、頻繁に言った。母親になった私が、髪の毛を振り乱しておむつを替えたりしていると、「頑張ってるね」と、いたわってはくれたが、「身繕いを忘れてはいけないよ」と、やんわり諭した。

スカートの丈にうるさいのも相変わらずだった。結婚する前も会う度に、「惜しいな、あと一センチ短くしたら、ぐっとスタイルがよく見えるのに」とか「なんでそんなゾロゾロしたスカートを履くのかよくわからない」と、眉をしかめた。義父は、男女を問わず、洋服のすべてに詳しかった。

私は私で、洋服が大好きな娘だった。大学に通っていた頃、一ヶ月の仕送りのほぼ全額を欲しい服に投じてしまい、昼は菓子パン、夜は缶詰で暮らす羽目に陥っても、後悔しなかった。

結婚してからも、私の洋服好きは続いた。バッグや食器や宝石や車などには興味がなかったが、洋服だけはそれがなければ生きていけないほど好きだった。

義父とは大好きなファッションの話ができるので、実に気が合った。雑誌を見ながら、これがいいとか、このデザイナーは最近、冴えているなどと言い合っていると、時を忘れた。

しかし、その分、義父と会うときは何を着ていこうかと緊張した。太郎はといえば、若い頃は私の着るものに無頓着で、何を着ていても感想を述べたりしなかった。そこらへんにあるものを着て会いに行っても、何も言わない。見ているのだか、いないのだか、わからない状態だった。しかし、義父からは視線を感じた。もちろん、私自身にではなく、洋服に対してだが。

だから、義父に会うときはスカート丈をチェックし、ブラウスにシワがよっていないか、ベルトがねじれていないかなど、気をつけるようにしていた。そんなことをする自分をどこかおかしいなと思いはした。しかし、面接のテストを受けに行く女子大生のように、念入りに服装を整えないではいられなかった。

頑張っても頑張っても、なかなか義父に太鼓判を押してもらえるような着こなしはできなかったが、一度だけ、「暁子さん、今日の装いはパーフェクトだ」と、叫んでもらった服がある。それは原宿のブティックで買ったもので、赤いセーターに紺色のスカートがセットされたものだった。スカートにはセーターと同じ赤い色のふちどりが施されていた。義父に褒めてもらいたくて、スカート丈もきっちり膝ぎりぎりにつめて出かけていった自信の服だっただけに、褒められたときはとても嬉しかった。

義父は「自分のスカート丈、ついにわかったね」と、喜んでくれた。私は私で「免許皆伝ですか？」などと胸をはったが、その後、失言をした。本当はその服には、紺色のセーターに赤いスカートという逆バージョンのセットがあり、どちらにしようか迷った末に赤いセーターバージョンにしたと、口をすべらせたのだ。それがいけなかったようだ。義父は「どうして両方買わなかったの」と、顔を曇らせた。「両方買うほど資金ないですから」と言い返すや、いつもは優しい義父が「そういうときは私に言いなさい。両方欲しいとなぜ言わない」と、不機嫌になった。

私としては、どちらのバージョンにするか悩んで選ぶのが楽しかったのだが、義父はそれは違うと言う。両方買えば、赤いセーターに赤いスカートの組み合わせもできるし、紺のスカートに紺のセーターの組み合わせも可能だ。洋服を選ぶときは、そうした機能的な考えが必要だと言うのである。いわゆる着回しを考えなければいけないということだろう。

まあ、そう言われればそうかもしれない。

コーディネートするとはそういうものを指すのだろう。私もひとつ学びはしたが、相変わらず、洋服は好きなものを一点だけ選ぶ癖は抜けなかった。

義父は、いわゆるお嬢様的な服を好んだが、大学時代の私は、泥染めのような色のTシャツにジーンズ、ぽっくりのようなサンダルを履いていた。ジーンズは極限まで細いのが好みで、ジッパーをあげるたびにツメが痛くなるほどだった。しゃがむと背中が出てしまう。

すると、義父は渋い顔で、「暁子さんはどうしてそんな色を着るの？　冷たい色が似合うのに。その服、誰かにもらったの？　似合わないね。着なきゃいけないの？」と、容赦のない感想を述べた。私は私で「もらってなんかいませんよ。無理して買ったんですよ。アースカラーって言って、こういうのが流行ってるんです。たとえ似合わなくても、この服が好きなんです」と、ふくれた。

私は滅多に義父に言い返さない嫁だったが、洋服のことでは、一歩も譲らなかった。

結婚して、二〇年近く経った頃のことだ。義父が口ごもりながら、なぜ黒い服ばかり着るのか不思議でたまらないと言った。確かに、私はその頃、黒い服ばかり着ていた。元々、黒が好きだったこともあるが、その頃は服を買うと必ず黒を選んだ。ただ、自分では意識してはおらず、気づいたときは黒い服を買っている、そんな状態だった。

義父に言われて初めて、私が黒ばかり着るようになったのは、実家の母が亡くなってからだと気づいた。母の喪に服する気持ちが抜けず、黒を着ていると落ち着いたのだろう。

そう伝えると義父ははっとしたような顔をして、「そうか、わかった。よけいなことを言ったね」と答え、二度と黒ばかり着ていると指摘しなかった。そのとき、義父の目が少しうるんでいるのに気づき、私はあわてた。私はマザコン気味の娘で、母の死が本当に悲しかった。できることなら、一緒に死んでしまいたいほど落ち込んでいた。ただ、それを誰にも言えずにいたので、黒を着て自分を慰めていたのかもしれない。

私の母は、若年性アルツハイマー病で亡くなった。五七才で発病したとき、余命はだいたい七年くらいだと言われたが、その言葉の通り、発病から七年後に亡くなった。享年六四才ということになるが、最後は誰だかわからないほど老いてしまった。

私は看病もできず、母を看取ることもできなかった。その七年の間は、思い出すのを体が拒否するほどつらい記憶となった。そして、自分の気持ちを誰にも知られたくなかった。もちろん、義父にも伝えてはいなかった。

黒い服ばかり着るのは、父に指摘されてから一〇年ほど続いたが、ある日、突如、明るい色を着たくなった。そこで、久しぶりに、新しくターコイズ・ブルーのブラウスを買い、アクセサリーも新調して、東京の家に行った。周囲は「あら、珍しい」と驚いたが、義父は何も言わなかった。

東京滞在の最後の日、ぽつんと「暁子さん、喪が明けたんだね?」と、聞いてくれた。私はまだあの話を覚えていてくれたのかと感激し、同時になぜか狼狽し、あわてながら、こう答えた。「ビクトリア女王は、夫のアルバート公が亡くなった後、生涯、黒い服で通したそうですけど、私は一〇年でした」と。

我ながら意味不明の返答だが、義父は何も言わず、ただガハハと豪快に笑った。その後、着たいときには相変わらず黒い服を着たが、義父に会うときは、なるべくブルーの服を選んだ。すごく嬉しそうな顔をするからだ。

こうして、私たち舅と嫁は、洋服という二人の趣味を通して、自分の気持ちを伝え合っていた。

義父が亡くなった後、私はまた黒を着たい気分になったが、必ず差し色をするようにした。黒い服を着ていると、義父が渋い顔をするような気がしたからだ。それに、義父は「オレの喪になんか服しては駄目だよ」と、言うに違いない。

義父とはそういうヒトだった。

ちょっと変わった二人の書斎

初めて両親の書斎を見たのはいつだったのか、正確には覚えていない。ただ、その

第三章
そして、義父・三浦朱門

不思議なスタイルに度肝を抜かれて立ち尽くした自分の姿は鮮明に蘇ってくる。

太郎の実家に遊びに行ったときのことだ。

「両親の書斎に案内するよ。二人とも今いないけど、遠慮しないで」と言われたとき、私はかなり逡巡した。家族でもない私が、許しもなく勝手に入ってよいのだろうか。

作家にとって、書斎は神聖な場所だろう。そこは小説の構想を練る思索の場であり、資料を保管するための貯蔵庫に似た部屋でもあるはずだ。小説を生み出すための、秘密のようなものが隠されているかもしれない。そんな大事な場所に、持ち主の許しもなく入ってもいいのだろうか。私でさえ、自分の部屋に無断で入られたら、恥ずかしいし、嫌な気分になるはずだ。

どうしよう。

私は迷いながら、立ち止まった。

ほの暗い廊下の突き当たりにドアがあり、そこを開ければ三浦朱門と曽野綾子、二人の書斎に通じる。そう思うと、緊張しないではいられなかった。

「入ってもいいんですか？」と、おどおどしながら尋ねたのだが、太郎はドアを開け、すいすいと中に入っていき、「何してるの？　大丈夫だよ」と、手招きをする。

私は、この人は生まれ落ちたときから作家の息子なのだなぁと、改めて思った。

「まぁ、息子がいいって言ってるんだから、いいか」と、理由にもならない理由を呟きながら、私は中に入った。

するとそこには思いがけない光景が広がっていた。私が想像していたのとはまったく異なる様相の部屋だった。

今となっては勝手な思い込みだったことになるが、作家の書斎というのは、そこいらじゅうに書き損じた原稿用紙が散らばっている、私はそう決めつけていた。創作の過程で生じる苦悩の果てにまるめた紙が部屋中に放り出され、その紙ゴミの真ん中に、作家は額に手を当ててうつむき、まるまって座っている。前には、まだ何も書かれていない真っ白な原稿用紙が、書き手を責めるかのように対峙している。

そんな風に思っていた。

いや、そうあって欲しいと思っていたのかもしれない。

しかし、二人の書斎は、きちんと片付いていて、まるめた原稿用紙などどこにもなかった。私はなんだか裏切られたような気持ちになり、モデルルームのように綺麗な部屋を見回した。

部屋の作りの奇妙さにも、驚いた。

扉を背にして前を見ると、かなり横長の長方形の部屋が広がっている。左側が洋間に、右側が和室になっている。和室の方は床から一段高い場所に作られていて、そこへ行くには段を上らなくてはならない。

どうやら、ひと部屋を二人で使っているようだ。

私には、そもそもそれが驚きだった。作家というのはたった一人、静寂な空間で創作活動にいそしむものだと、思っていたからだ。

義母の書斎

太郎の説明によると、右側にある和室部分が母の曽野のスペースだ。床から少し高くなった畳の上で背中をまるめ、原稿を書いているという。それまで、私は三浦の家には洋間しかないと思っていたのだが、こんなところに和室があったとは。まるで隠し部屋のようだ。たいそう驚いたものの、見てはならない空間を見たようで、落ち着かない気分になり、しばらくは友達にも内緒にしていた。

和机の脇には、綺麗な螺鈿《らでん》のタンスがあった。そこだけが女らしく、なまめかしい。しかし、タンスの前にきちんと積みあげてあるたくさんのスクラップブックが、ここがくつろぐための場所ではなく、仕事をするところだと主張していた。

ここで、曽野綾子という人はうなりをあげて、働いているのだろう。机の上には、大量の原稿用紙が積んであり、卓上のランプにはたくさんの電話番号をメモした紙が貼り付けられていた。「ますや」という会社の原稿用紙を私は初めて見た。

それは実に活動的で、賑やかな場所だった。書斎と言うより作業場という雰囲気だ。私が勝手に思い描いていた「苦悩と静寂の場」はなく、スコップをふるいながら地面を掘り進む発掘現場のようだ。

「いいなあ、なんだか。よくわからないけど、いいな」と、つい、私は言った。

それまで、作家とは何かと深く考えたことなどなかった。しかし、目の前にある書斎は、作家は私が思っている以上に肉体的な仕事であることを教えてくれた。

義父の書斎

左側は三浦朱門のスペースだという。

大きな机と革張りの椅子が置いてあり、こちらもおそろしいほどきちんと片付いていた。いや、片付いていたというより、何も物がない。机の上にあるのは万年筆と原稿用紙だけ。まるでショールームの展示のようだ。

第三章
そして、義父・三浦朱門

頭の中で資料を整理する力があるからメモなどいらないのかもしれないと思いはするものの、こちらも私が抱いていた作家のイメージからほど遠いものだった。

本当にここで原稿を書いているのだろうか。

「お二人で一緒に、ここで仕事をするんですか?」と太郎に聞くと、「うん、まあね」という返事だった。

まあね?

なんだそれは?

と思ったが、私の目は三浦朱門の机の脇に置いてあるあやしの品物に吸い寄せられた。それは大きなボンベだった。無機質な代物であり、美しいとは言えない。螺鈿のタンスとの落差に思わず「何でこんなものがこんなところにあるの? まさかプロパンガス?」と聞くと、太郎はつまらなそうに、「あぁ、それね。親父が使う酸素が入っているんだ。頭痛がひどいから、酸素を吸うといいと言われて、買ったみたいだよ」と、言う。

作家に頭痛、これはわかる。それでなくっちゃという感じだ。何しろ作家である。頭痛くらい起こすだろう。けれども、酸素を吸う、そんな療法があるのだろうか。

そこで、またしても聞いてしまった。

「こんなの効きめがあるんですか？」

すると、太郎は再び答えた。「うん。まあね」

これでは何がなんだかさっぱりわからないではないか。

太郎は物事をきっぱりはっきり言う人だと思っていたが、両親のことになると「うん、まあね」ばかりだ。ひょっとして聞かれたくない話なのかもしれない。そうだ。きっとそうだ。そうに違いない。

私の頭の中を妄想が渦巻いた。

立派な机を前に原稿を書く作家・三浦朱門。しかし、急に頭痛に襲われ机に伏せる。それでも、締め切りが迫っている。気を取り直してボンベに手を伸ばす。ダイバーが潜水病になるように、作家もときに低酸素状態に陥ることがある。

しかし、あわてなくても大丈夫。

彼には酸素ボンベという強い味方がある。ひと吸いすれば、頭痛はおさまる。痛みから解放された彼は、ペンを取り上げると、さらさらと原稿を書き始める。

そう、作家はこうでなくちゃ。

しばしの妄想から現実の世界へ戻った私は、自分の想像が正しいかどうか証明したくなった。そこでガマンできずに太郎に聞いた。「酸素をひと吸いして元気を取り戻し、苦しみながら原稿を書く。その繰り返しの末に作品ができあがる。そういうこと？」

すると太郎は、「さあねぇ、使ってるところ見たことないからね。酸素、入ってるのかな」と答えるではないか。

「げっ！」である。

使ってもいないものを置いておくのか。邪魔なこと、このうえないではないか。

奇妙な書斎についてもっと聞きたいことはあったのだが、これ以上、彼を質問攻めにするのもはばかられる。書斎に入れてもらっただけで、満足しよう。そう決心して、私は沈黙した。謎は謎のまま置いておくべきだ。

付け足しにはなるが、その酸素ボンベはしばらくして片付けられ、姿を消してしまった。義父は頭痛を克服できたのだろうか。そもそも使っていたのだろうか。すべては謎のままだ。

いないのに、いる人たち

私の初めての書斎訪問は、こうして何がなんだかわからないままに終わってしまった。ただし、「作家の書斎はこういうものだ」と決めてかかるのは、大きな間違いであることだけはわかった。何ごとにもファジーでいること、それが私の教訓となった。

それでも、ひとつ確信したのは、創作というのは孤独な作業だということだ。

ほの暗い書斎の右と左に別れて、夫婦で原稿を書く。これは素敵なことだ。私は憧れのまなざしで二つの机を眺めた。サルトルとボーヴォワールのように、二人で高め合う姿勢を感じる。しかし、二人で力を合わせて書くのは不可能だ。

さらに印象的なことがもうひとつあった。

私が最初に書斎を見たとき、義父母は外出しており、部屋には誰もいなかった。それなのに、私は二人の存在を強く感じた。

いないのに、いる、そんな感じだ。

そんなことあり得えないと何度も自分に言い聞かせてみたが、そう思わないではいられなかった。

ここにいないのに、確かにいる。

それも、それぞれが互いにばらばらに自己を主張している。

以来、私は、作家とは誰もいない部屋にも圧倒的な存在感と強い気配を残す人たちだと思うようになった。

二人が一緒に働いているところに居合わせたら、それを確かめることができるのだが、残念ながらその機会には恵まれなかった。

好奇心にかられ、太郎に「今度は一緒に書斎にいるところを見たい」と頼もうかと思ったのだが、結局、言えなかった。理由はわからないが、それは許されないことのような気がしたからだ。

もし、あのとき、勇気を出して頼んだら、彼は何と答えたのだろう。「うん、まあね」とは言わなかったような気がする。

着流しでバーに

私たちの結婚生活は名古屋で始まった。

三浦の両親は東京に住んでいて、同居したわけではないので、私は呑気なものであった。

それでも、夏休みやお正月などは一緒に暮らすことになっていた。何と言っても、太郎はひとり息子。両親や祖父母にとって、この上もなく大事な存在だ。そこで、私たちは休みの度に名古屋から東京へ帰省し、顔を見せることになった。限られた期間ではあるが、同居生活をすることになる。

太郎はまだ大学院の学生で休みが長かったので、それも可能だったのだ。
最初、私は非常に緊張した。
結婚生活は始まったばかり。夫のこともまだよくわからないことだらけだ。まして
や夫の両親となると、どうしていいかわからない。付き合いが長かったから、何とか
なるだろうと思ってはいたが、それでも舅姑である。家事もろくにできず、料理の味
付けも自信がなく、さらには三浦家の家風にもなじんでいない状態だ。
いったい何をどうしたらいいのかわからない。太郎に聞いても、「いいよ。やりた
いようにやれば」と言うばかりだ。彼にすれば、大学に入学してからは名古屋暮らし
が続いており、実家がどのような状態にあるか、よくわかっていなかったのかもしれ
ない。
不安だった私は勝手にモチベーションを保つことにした。二人の作家の日常を観察
できるのだから得がたいチャンスだと自分に言い聞かせた。誰にでもできる経験では
ない。
それに、作品が生み出されていく過程をリアルタイムで垣間見ることができるのは、
工場見学をしているようで、それはそれで、またとない体験ではないか。
私が勝手に描いていた作家像が間違っていたことには、既に気づいていた。それま

第三章
そして、義父・三浦朱門

で私は、作家というものは年がら年中、難しい顔をしていて、苦しみながら書いている人たちだと勝手に思っていた。そして、そのストレスを発散すべく、銀座のバーに行き、豪快に遊ぶ。会社のお金ではなく、ポケットマネーで飲めるのは作家だけ、なぜか私はそう信じ込んでいた。営業マンだった父が行きつけのバーに、着物姿の作家が来ていると言っていたからだ。かっこいい、会ってみたいと強く思ったが、そんな機会に恵まれるわけもなく、あきらめるしかなかった。

しかし、縁あって私は作家の家の嫁になった。ようやく作家の実態を解明するチャンス到来だ。

それなのに。

三浦の義父を見ていると、バーどころかほとんどどこにも外出しない。朝早く起きて、午前中、猛烈な勢いで原稿を書くと、午後からマッサージに行ったり、本屋に行くくらいだ。会議などで出かける日は、「嫌だな、今日はネクタイしなきゃ」とぼやいてばかりいる。

あるとき、思いあまって、「着物を着ないんですか?」と聞くと、「着物? なんで」と、驚いている。「作家とは着物を着て、悩みながら書き、夜な夜な銀座のバーで遊んでいると思っていたのに、どうも様子が違うので調子が狂いました」と打ち明けると、三浦朱門は、しばらく笑いがとまらなかった。そして、「残念でした。期待を裏切ったね」と、さもおかしそうに答えるのである。

そのくせ「作家ならバーくらい行ったことあると思っていました」と口をとがらせて抗議すると、「行ったことはあるよ。二度くらいは行ったよ」と、威張る。

「面白かった？」と聞くと、「うーん、微妙だな。面白いとも言えるし、疲れるとも言える。できれば家で刑事コロンボ見ていた方がいいな」という答えだった。

何がなんだか、さっぱりわからない。

しかし、それから三〇年近く経った頃、思いがけないことが起きた。

息子の太一と義父が、銀座のバーに行くことになったというのである。親切な方がいて、太一をバー・デビューさせたいと誘ってくださったのである。そこになぜ義父が加わったのかよくわからないが、私は太一にちゃんとした背広を着ていくのよなどと、お節介な助言をした。

翌日、いそいそと様子を聞くため電話をすると、太一は驚くべきことを教えてくれた。まず、三浦朱門の振る舞いがたいしたものだったというのである。場に慣れているというのか、楽しそうにグラスを傾け、皆の会話に耳を傾ける。そして、太一にもさりげなく話を振ってくる。

それにさ、と、太一は言った。

「おじいちゃん、なんというのか、お店の人に優しいんだよ。心を込めて話を聞くし。だからもてるんだよ。お酒も強いし。乱れないし。なんか作家って感じしたよ。俺、感心しちゃった。でも、楽しんでいるかというと、そうでもないような気がした」

えーー、そうなのか。

二度くらい行ったよって言ってたけど、けっこう慣れているのかもしれない。

義父に「太一がお世話になったそうで。お父さま、素敵だったと聞きました」と伝えると、三浦朱門は照れくさそうではあったが、「一生懸命、接客してくれる人には、こちらも応えないとね」と答えた。

良いバーだったようですねと、聞くと、「そうだよ。銀座で古く続く店でね」という答えだった。その声にはバーに対するリスペクトが込められているようで、私は一緒に連れて行ってもらった太一をうらやましいと思い、私も行きたいと言ったのだが、ついにその機会は巡ってこなかった。

三浦朱門は放浪作家？

ちょっと不思議な書斎を知ってから、私は義父母が二人一緒に仕事をしているところを見たいと願い続けた。ところが、二人の作家がひとつの部屋で働く姿を見ることはほとんどなかった。

二人は書斎に一緒にいないのだ。

義母の方はいつも書斎にいて、朝から夕方まで熱心に仕事をしていた。和机に向かい、せっせと原稿用紙のマス目を埋めていた。ちょっと背中をまるめたその姿は、作家というより、職人に似ていた。注文を受けたら期日までに納品する姿勢を貫いているように見えた。

それでも、ずっと机の前にはいられない。ご飯の献立を伝えに台所に行ったり、電話や来客に応対したりと忙しそうだ。それでも私が何か聞くと、嫌な顔もせずに指示を与えてくれた。

太郎が子供の頃は、仕事中は近寄りがたい雰囲気だったというが、私が結婚した頃はそんなことはなかった。もうベテランの域に入り、余裕があったのかもしれない。

第三章

そして、義父・三浦朱門

ノックさえすれば、「どうぞ」と、いつも迎え入れてくれた。

しかし、書斎に入っても、隣の机に義父はいなかった。立派な机はいつも綺麗に片づいていたが、主は姿を見せない。どうなっているのだろうと最初は思ったが、謎はすぐにとけた。彼は書斎を使っていないのだ。

ではどこにいるかといえば、義父は原稿用紙をのせた画板を首からぶらさげて、家中をうろうろしながら原稿を書いていた。たいていは、居間のかたすみに陣取り、万年筆を動かしていた。生活音がある場所の方が、仕事が進むと言うのである。

私はたいそう驚いた。

私など、手紙を書くときですら、一人でないと気が散って書けない。周囲に人がいると、一緒におしゃべりをしたり、話していることに耳を傾けたりしてしまう。当然、手はお留守となる。

しかし、義父は違う。どんなに周囲が賑やかでも、秘書が電話で話をしたりしていても、ちゃんと手を動かしている。ときには、何か話したり、秘書に指示を与えたりしながらも、原稿用紙のマス目を埋める手は止まらない。

なぜそのようなことが可能なのか、私にはさっぱりわからない。

あるとき、義父に「聖徳太子みたいですね」と言ったことがある。聖徳太子は一度に一〇人の話を聞くことができたという逸話を思い出したからだ。すると義父は「だはは」と笑い、「俺、子供の頃に中耳炎をして、片耳が聞こえないんだよ。だから、みんなの声、聞こえてないんだ。えらくなんかないよ」と答えた。

私もつい、なるほどと納得しそうになったが、そんなはずはないと思い直した。現に私の問いかけは聞こえているではないか。

義父は、居間や二階の寝室や、ときには台所にまで出張して、うろうろろうろうろ歩きながら原稿を書いていた。これではまるで放浪作家ではないか。ただし、家の中限定ではあるが。

義父はその肩書きを喜んでいたが、すぐに放浪を終えてしまった。

書斎に戻ったわけではない。

画板よりも分厚い板がついた椅子を特別注文し、居間の隅に陣取り、そこに座って書くようになったからだ。

最近、ノマドという働き方が注目を集めるようになった。ノマドとは英語で「遊牧民」とか「放浪者」の意味で、定住することなく、様々な場所を移動しながら働く方法だ。ＩＴの進歩によってオフィスや書斎に縛られることなくどこにいても仕事ができるようになったからだ。これからはますますこうした働き方が増えるだろう。

第三章

そして、義父・三浦朱門

私はアナログ人間ではあるが、それでもコロナになってから、かなりの回数、ネットを使って打ち合わせや会議を行った。最初のうちは、ネット会議の途中で宅急便のチャイムが鳴り、焦ったりしたこともある。あるときなどは、なぜかパソコンから音声が出ず、画面を見ながら携帯で話をするという珍妙な打ち合わせも経験した。けれども、神戸に住む私が外国にいる方と普通に打ち合わせができるのは、夢の世界だ。

今まで、エッセイストは東京にいないと仕事が来ないから、東京に引っ越した方がいいと何度もアドバイスされた。しかし、そういう意見はもはや過去の話となった。まさに、いつでも、どこでも、誰にでも、空間をまたいで仕事ができる時代が到来したのだ。

義父はよく「作家とは居職《いじょく》だ」と言っていた。自宅で仕事をする職業だからだ。確かに、義父も義母も原則として家の中で書き、居職形式を守って仕事をするタイプの作家だ。

それでも、仕事の方法は微妙に違う。義母は定位置を守る。一方で、義父は書斎を抜け出し、好きなところで仕事をする。

義父が使い続けた画板付きの椅子は、何度か張り替えを繰り返し、今もまだ家にある。義父が亡くなった後、整理魔の義母は背広や本などを徹底的に整理した。しかし、この椅子は残し、私たちに譲ってくれた。私も、この先、処分することはないだろう。それは私の知る限り一番早いノマドワーカーがせっせと働いた場所だからだ。

節分の日に、義父は逝った

義父の三浦朱門が肺炎のために亡くなったのは、二〇一七年二月三日の早朝のことだった。

前日より病院に泊まりこんでいた義母から「血圧が下がってきているから、来た方がいいと思うの」という知らせを受け、私は夫と一緒に病院に向かった。

電車の揺れに身をまかせながら、「今日は節分だな」と、ぼんやり思った。窓の外には、暦の上では明日から春が始まることが実感できる、明るい朝の日差しが降り注いでいた。

病室に着き、カーテンの陰から覗き込むと、これまで何度かお見舞いに来たときと同じ姿勢で、義父はベッドの上にいた。

長身の体をまっすぐに伸ばし、穏やかな顔で横たわっている。

まだ眠っているとしか思えない姿だった。けれども、義父は確かに亡くなったのだとわかった。それまで彼の口を覆っていた酸素マスクや点滴の管がすべて取り去られていたからだ。

どんなに嫌でも、認めたくなくても、義父は逝ってしまったのだ。

仕方がない。

必ずあることだとわかっていたはずだ。

眠るように穏やかに息を引き取った義父に「逝かないで」と、取りすがったりしてはならないと思った。静かに見送らなくては……。

今すべきことはただひとつ。家族で寄り添っていることだ。

そう思いながら、義父の白い頬にそっと触れ、「さようなら」と言おうとしたのだが、うまくいかなかった。

その代わりに、病室から見える富士山を眺めながら、「今朝は富士山、真っ白で綺麗ですよ」と、心の中で報告した。それまではガスがかかって、見えずにがっかりする日が多かったからだ。

もし、口がきけたなら、義父はこう答えただろう。

「暁子さん、わかってるよ。俺、耳は悪いけどさ、目はよく見えるんだから」

そして、明るく笑っただろう。

義父はよく笑う人だった。

それも、独特な笑顔で……。

ちょっと長い二本の前歯を見せながら、ポケットに手を突っ込んだまま、「ダハハ」と、お腹から声を出した。

私は義父のこの笑い方が好きだった。とても好きだった。

今思うと、その笑顔を見たくて話題を選んでいたような気がする。

義父を笑わせるのは簡単だった。

夫の太郎と息子の太一の話をすれば、義父はいつもご機嫌だったからだ。特に、私たち一家が東南アジアを旅行したときの話が好きだった。

それは、たとえばこういう話だ。

放浪癖のある夫が、東南アジアの田舎町で「ここに永住するぞ！　日本には帰らない」と宣言するや、息子が絶妙のタイミングで「塩鮭食べたいっ」と絶叫して、移住計画に反対するといったエピソードだ。なんということはない話だが、義父は「あの話、またしてよ」とリクエストしては、何度でも「ダハハ」と笑ってくれた。

そして、必ずこう言った。

第三章

そして、義父・三浦朱門

「暁子さん、苦労が絶えないよね。変な旦那を持ったからね。でもしょうがないよね。次回は、俺とおばさん（義母のことを義父はいつもこう呼んだ）と一緒に旅行しよう。そうすればテーブルクロスのかかったレストランで食事できるよ」と。

ここでおばさんと呼ばれる女性は、叔母さんでも伯母さんでもない。他でもない義母のことだ。

なぜか三浦の家では、夫も義父も、義母をおばさんと呼ぶのだ。ついでに言うと、義父は「おじさん」だ。

夫がまだ中学生の頃、遊びに来た友達が夫の両親を「おじさん」「おばさん」と呼ぶので、真似をして言い始め、定着したのだという。

結婚した当初は、私までもがそれに倣《なら》い、義父をおじさま、義母をおばさまと呼んでいた。

私が「おじさま」の呼び方を変えたのは、息子の太一が生まれたときだ。いくらなんでも、おじさまはまずい。かといって、今さら「お父さま」と呼ぶのは、恥ずかしかった。

私にとって、結婚しても、息子が生まれても、義父はちょっと素敵なおじさまのままだったし、そうあって欲しかったからだ。

仕方がないので、私は「おじさま」の呼び名を「おじいちゃま」に変更した。息子にも「おじいちゃま」と呼ぶのよと、教えたが、息子は「ジィジ」とか「ジジィ」と呼ぶので、あわてたものだ。

けれども、義父は「おじいちゃまと言いなさい」と注意する私を制して、「いい、そのままでいい、ジィジでもジジイでも何でもいい」と、嬉しそうだった。夫が「おじさん、太一には甘いね。顔、雪崩だよ」とからかっても、気にしなかった。

孫には甘く、ときにかなり情緒的だった義父だが、嫁の私には冷静で、感情的になることはなかった。

彼は私にとって百科事典のような存在だった。とりわけ、東南アジアの経済、政治に詳しく、わからないことがあっても、義父に聞くとたちどころに解決してくれた。豊富な読書量と取材に裏打ちされた知識だった。

一方で、ファッションにもめっぽう詳しかった。小説家になる前は、婦人雑誌の記事を書いていたというだけあって、私の服装にも鋭い感想を言った。特にスカートの丈については一家言をもっていて、「暁子さん、そのスカート丈、長すぎて、だらしなく見える。あと三センチつめなさい」などと、ファッション評論家のように命じるのだ。

あるとき、「太郎は短足がに股、暁子さんはO脚だ」とからかうので、悔しくなり「おじさま、それは間違いです。曲がっているのは左足だけ。右足はまっすぐです。O脚じゃなくてD脚ね、D脚」と言い返した。

すると、義父は「確かに右の足はまっすぐだ。それに暁子さん、脚、割と綺麗だよ」と、すかさずのフォローをし、以後は来客にまで「うちの嫁はD脚です。O脚ではありません」と、わざわざ報告するのだった。

やがて義父は私の洋服を選んでくれるようになった。ブティックまでついてきて、「ああだ、こうだ」と感想を言う。

ブティックの人からすると、奇妙な二人づれだっただろう。文字通り、親子ほど

1999年に、「週刊朝日」の連載「うちのヨメ讃」で取材を受けたときの写真。義父はこの一枚をとても気に入っていた。撮影／山崎陽一

年が離れているのに、態度から本当の親子でないのはわかる。まして、私は義父を「おじさま」と呼び、ときにはわざと「パパ」などと呼ぶのだから、事態はますますわけがわからなくなるのだった。

私たちはこれを「怪しいカップルごっこ」と呼び、楽しんだ。今となっては良い思い出だが、二人でいったい何をやっていたのだろうと思う。義母も怒ったりせずに、「買ってきた服、見せてよ」くらいしか言わなかった。

晩年、ブティックに一緒に行く体力がなくなってからは、通信販売のカタログで服を選んでくれた。

最期の日、病院に駆けつけたときも、私は義父が指さして選んでくれたシャツ・ブラウスを着ていた。その服は中年になり、下腹が目立つようになった私の体型を巧みに隠すデザインになっていた。父の眼力に今さらながら驚きつつも、私はいつも義父の視線の中にあったのだと気づく。

義父のことを「冷たい権威主義者だ」と、評する人もいることを私は知っている。面と向かって言われたこともある。批評するのは自由だし、すべての人に愛される人はいないから、仕方がないと思うようにしている。

第三章
そして、義父・三浦朱門

けれども、私にとっての義父は、寛大で、よく笑う人だった。芯の部分には絶望的な鬱屈を抱えていたのだろうが、原稿を書くことによってそれを昇華させようとしていたのではないかと、私は考えている。

義父が亡くなった日は節分だったが、恒例の豆まきをしなかった。葬儀の準備などで慌ただしく、余裕がなかったのだ。

けれども、これからは盛大に豆をまこうと思う。

きっと義父は、「お、暁子さん、やってるな」と喜んだ後、「そのワンピースはいただけないね。やっぱり俺が選んでやんないと駄目だな」と、文句を言うだろう。

その笑顔を思い出しながら、言えなかった言葉を今、ここで伝えたい。

さようなら、私のおじさま……。もう苦しまなくていいのよ、楽になって良かったですね、と。

そして、同時に思い知る。私は永遠に「私のおじさま」を、「私の先生」を、そして、「私の義父」を、喪ってしまったのだということを。

第四章

それから、義母・曽野綾子

田園調布は高級住宅地ではなかった？

夫の実家は田園調布にある。

田園調布という町は、かつて星セント・ルイスという漫才コンビが「田園調布に家が建つ」というギャグをぶちかまし、一躍有名になった。以来、高級住宅地として知られている。ただし、それは一九八〇年以降のことで、私が初めて訪れた一九七一年頃は、まだそれほど知られていなかった。むしろ、成城学園や松濤《しょうとう》などの方がずっと有名だったはずだ。

そんな田園調布に私は生徒会のみんなで行くことになった。「三浦先輩」に会うためだ。ものを知らない高校生の私にとって、田園調布はよく知らない町だった。行き方さえもよくわからない。当時は携帯で調べて行くというわけにはいかなかったのだ。

困った私は、目黒駅まで一緒に行く生徒会の会長に迎えに来てもらうことにした。彼は彼で「確かにな、あっちゃん（彼は私をいつもこう呼んだ）には無理かもな」と快く応じ、一緒に行ってくれると言う。目黒から渋谷に行き、そこで東横線に乗り換えて、ようやく田園調布に着いたとき、私は都心から割と離れているのだなと思った。

第四章
それから、義母・曽野綾子

着いてみると田園調布は美しい町だった。駅を降りて正面を見ると、道が放射状に広がり、イチョウの木が行儀良く植わっている。駅のすぐ前には、洒落た小さな公園があり、薔薇の花が綺麗に咲いていた。駅を出てすぐのところに品揃えの良さそうな本屋さんがあるのも魅力的だった。

家はひとつひとつの区画が大きく、庭がかなり広くとってある。同じような家が並ぶ建売住宅を見慣れていた私は、一見したところは地味だが、個性を主張する家々に驚いた。和風の平屋もあれば、外国の洋館のような家もある。中でも、私が一番興味深く感じたのは、家の周囲が塀ではなく、植木で囲まれていることだった。町全体に緑が多く、そして、驚くほど静かだ。人通りもなく、車も通っていない。

当時私が住んでいたアパートは、目黒通りから少し入ったところにあった。夜中になっても交通量が多く、車の音がうるさい場所だった。当然、空気も良くない。当時は大気汚染が深刻であり、特に夏になると、光化学スモッグ注意報が出されたりしていた。

光化学スモッグと言ってもぴんと来ない方が多いかもしれない。その頃の日本は大気汚染がひどく、光化学スモッグがその一種として蔓延していた。目が痛くなったり、のどが痛くなったりする人が続出し、警報が出ると、学校では外での活動を控える決まりになっていた。

田園調布はその光化学スモッグに無縁の町に思えた。その名が示す通り、田園を思わせるのどかな場所だ。すぐそばを環状八号線という交通量の多い道が通っているのに、なぜか空気が良いように感じるのが不思議だ。

田園調布に家を建てたのは、義母の両親だと聞いている。特に義母の母は、ひとり娘の健康を心配し、最高の環境を求めて都内を必死で探し歩いたという。義母は幼い頃、しょっちゅう喉を腫らし、熱を出してばかりいた。なるべく空気の良いところに引っ越さないと娘の命にかかわると心配しての家選びだったため、慎重の上にも慎重を期した。

命にかかわるというのはいささかオーバーに聞こえるだろうが、義母には姉がいたことを思うと納得がいく。彼女は賢く、美しい女の子だったという。ところが、風邪をこじらせ、肺炎を起こすや、あっという間に亡くなってしまった。幽里香ちゃんという名の女の子で、性格も温和、可愛い顔をした自慢の娘だった。両親の嘆きは大きかった。

彼女が亡くなった後、生まれた義母には、知壽子《ちづこ》という堅実な名前がつけられた。そして、二度と肺炎にしてはならないと、大事に大事に育てられた。

祖母にすれば、ようやく授かった娘を健康に育てたいと必死だったろう。二度も子供を失うのは耐えられない。そう思うのも無理はない。

どんな親でも、子供には健康に育って欲しいと願うものだ。しかし、祖母の娘への愛情はとりわけ濃厚なもので、娘は唯一無二の存在だった。本当に、文字通りなめるように可愛がられて育てられた。

祖母は愛する娘のために、家をどこに建てるか悩みに悩んだ。あちらこちらを見て歩いた末、田園調布に家を建てようという結論に達した。他にも、洗足《せんぞく》を始めとして候補地がいくつかあったらしい。ところが、あまりにも土地の価格が高く、あきらめるしかなかった。予算に見合う土地で、どうにか買い求めることができたのが田園調布だったという。

義母は二才で田園調布に引っ越して来て以来、九一才になる今も、同じ土地に住んでいる。祖母が娘の健康を考えて選んだ土地は、まさにその目的を果たしたと言えるだろう。

田園調布にまつわる昔話

私は夫の実家にいると、今は亡き祖母（義母の母）を感じないではいられない。死にものぐるいで娘を守ろうとした母心が、今も残っているような気がするのだ。その意味で田園調布の家は、私にとって家族の記憶がしみついた場所でもある。

もっとも、私たち夫婦は結婚してからずっと名古屋と神戸で暮らしていて、東京に住んだことはない。田園調布で暮らすのは、夏休みやお正月休みなど、限られたときだけだ。

夫は田園調布の家で育ったのにもかかわらず、ほとんど愛着がないという。一八才で家を出て名古屋の大学に入り、名古屋の大学院に進み、そのまま東京に帰ることなく、兵庫県にある大学に就職した。そのせいなのか、田園調布の家にあまり関心を示さない。彼にとっては大切な故郷のはずなのに不思議でならない。

私自身は転勤族の娘として育ち、故郷と呼べる場所を持たない。だから、生まれたときから同じところに住み、そこで育った夫がうらやましくて仕方がない。一方、夫は夫で、あちこち住み歩き、故郷を持たない私を自由でうらやましいと言う。人間というのはないものねだりな生きものだということだろう。

ところで、ひとつ面白いことがある。

結婚してから、義母や義父は、名古屋や神戸に住む我が家に時々、電話をかけてきた。私たちが元気かどうか気になるらしい。夫は電話が嫌いなので、たいてい私が出る。すると、義父は「もしもし、あ、暁子さん？　太郎いる？　かわってよ」と言う。

ところが義母はこう言うのだ。「もしもし、田園調布よ」と。私にはそれが面白くてたまらない。

そして、反射的に「あ、本宅から電話だ」と反応している自分に気づく。田園調布に住んだこともないくせに、田園調布を本宅だと思っているのだ。

田園調布の今昔について義母が語ってくれる話にも、度肝を抜かれてばかりだ。

人に歴史ありというが、義母の人生は田園調布という土地と切っても切り離せない。だからこそ、高齢になっても義母は田園調布を動きたくないのだろう。一時は、三浦朱門と二人で老人ホームに入ると言い、準備もしていたが、怪我をしてからは家を離れたくないと言うようになった。九〇年近く暮らした町である。それも当然だろう。

そこで私たち夫婦はできる限り義母が田園調布で暮らせるように、心を砕いているつもりだ。

ところで、田園調布には、一般社団法人田園調布会という組織があり、そこで決められた約束事を守って生活することになっている。それによると、「田園調布は大正時代の末に、日本で初めて計画的に開発され、分譲された庭園都市」だという。私が初めて田園調布に来たとき、駅から放射状に延びる道路を特徴的だと驚いたが、その光景は今も変わらない。駅前にある小さな公園が桜や薔薇、噴水のある池などで飾られているのも同じだ。

田園調布が住宅街として発展したのは、関東大震災によって家を失った人々が、新しく移り住んだことがきっかけとなったのだそうだ。田園調布にいれば地震がないわけでもあるまいしと、最初は不思議に思った。しかし、神戸のマンションで阪神・淡路大震災に遭った私たちが逃げ帰ったのは、夫の実家がある田園調布だった。そこにたどり着けばなんとかなると思えたのだ。そうした安心感が実家にはある。

夫がいくら意地をはろうとも、やはり田園調布が彼の故郷だと私は思っている。そして、義母・曽野綾子の人生も田園調布と共にあったのだと思う。

だから、これからもずっと義母は言うだろう。「もしもし、田園調布よ」と。

彼女と家は、既に一体化しているのだ。

曽野綾子との初対面

後に義母となった曽野綾子との初対面は、突然、やってきた。随分前のことで、なぜそういうことになったのかはっきり覚えていないのだが、ある日、生徒会長をつとめていた上級生が、「生徒会のみんなで太郎さんの家に遊びに行くことになった。生徒会への意見を聞かせてもらうんだ。一緒に行こう」と発案したのが、その発端だったはずだ。そのとき、私は高校一年生で、生徒会の下っ端のメンバーだった。仲間に混ぜてもらったのが嬉しくて、いそいそとついていくことにした。

「三浦先輩」の両親が作家であることは既に知っていた。しかし、作家の家とはどんな風なのか、皆目見当もつかなかった。好奇心の強い娘だった私は、自分とは縁のない家庭を覗いてみたい気持ちを抑えることができなかった。サラリーマン家庭に育った私にとって、自由業の家は未知の領域にあった。きっと得がたい体験となるだろう。私はその日が楽しみでならなかった。

三浦先輩の家には、高校の制服で行くのだと勝手に思っていたのだが、皆、私服で行くという。急にそんなことを言われても、何を着て行ったらいいのかわからない。

母に相談すると、なぜか別珍のワンピースを出してきて、これにしなさいと言う。それは私の一張羅だったので、なんだか大げさではないかと思い渋ったのだが、早く着ないと小さくなるからもったいない、しまい込んでいないでどんどん着なさいというのが、母の意見だった。

ちょっとけちくさい意見に従い、私は黒の別珍に小さな花模様がついているワンピースを着て、三浦の家に遊びに行った。他の女の子も皆おしゃれしてきていて、制服姿しか知らなかった私はそれだけで心が浮き立った。いかにもおよばれという感じがする。

玄関に迎えに出た太郎は、「応接間じゃなく、居間の方へどうぞ」とかなんとか言いながら、どんどん前を歩いて行った。居間には誰もおらず、私たちは遠慮することなくおしゃべりを繰り広げていたのだが、そこへ突然、義母が入ってきた。外出先から帰った彼女は、息子の友達が来ていると知り、颯爽と居間に姿を現した。初めて会う義母は実に格好が良かった。紺のスーツに濃いピンク色のブラウスが映え、驚くほど足がほっそりとしていた。私たちは緊張してピョコピョコお辞儀をしたが、彼女は笑って、お手伝いさんにお茶を新しくするよう言い置くや、「どうぞごゆっくり」と、風のように部屋を出て行った。

第四章

それから、義母・曽野綾子

それは、私が初めて会う職業婦人という雰囲気を身に纏った人だった。てきぱきとした物言い、心からの笑顔、そして、ひとめで何もかも見据えて自分なりの解釈をしてしまうような視線。他の友達のお母さんにも働いている人はたくさんいた。けれども、子供の友達に会うときは、職場での顔を脱ぎ捨てていた。しかし、義母は違った。外出先から帰ったばかりということもあり、さらには家が職場でもあるからだろう。家庭の中にいても、働く人特有の輝きと緊張を感じさせる女性だった。

当時、曽野綾子は舌鋒鋭い評論をすることでも知られており、きっと恐ろしい雰囲気を持った人だろうと勝手に思っていたのだが、そんなことはなかった。怖いとは思わなかった。ただ、とにかく「普通じゃない」とは感じた。同時に、憧れの感情も持った。大学生の息子を持ちながらも若々しく、どこか堅気でない感じ、それは私が初めて出会うタイプのお母さんだった。

初対面のときの印象は、五〇年経った今もあまり変わらない。もちろん、家族になり、息子も生まれ、義母との関係には大きな変化が生じてはいる。初対面のときよりは、ずっと深く彼女のことを知っているつもりだ。

しかし、それでもなお、義母は私にとって職業婦人の言葉にふさわしい女性であり続けている。現在、九一才になる義母は、骨折の影響でベッドの上での生活が続いている。しかし、たとえ書斎にいなくても、義母は私にとって曽野綾子そのものだ。

初対面のときの印象そのままに、変わることなく職業婦人であり続けている義母に、私は今さらながら驚かないではいられない。

勉強する態度を持ち続けなさい

義母から教わったことはたくさんある。

私は大学の卒業も待たずに結婚してしまったので、家事手伝いの経験も浅く、義母からすれば、教えることは山ほどあったはずだ。実際に「この家ではね」という言葉に始まる多くのことを教わった。ただし、同居していたわけではないので、旅の間とか、夏休みとか、限られた期間に集中的に教わったことが多い。

義母はあまりにも物を知らない私に、何かを教えてやらなくてはという思いを持っていたのだろう。

「あなたが嫌なら強要はしないわ、そうしなさいという意味ではないのよ」と言いながら、三浦の家の決まりのようなものを伝授した。その決まりは、私にも実現可能なものと、ほぼ不可能なものがあった。だから、できることは努力しようと頑張ったが、できないものはできないと正直に言い、あきらめてもらった。無理をすれば、自爆してしまうとよくわかっていたからだ。

義母は義母で、教えるだけにとどめた。私が言われた通りにしているかどうか、確かめたりはしなかった。それは、教えられてもできないことばかりの私にとって救いであった。

ただ、自分ができるかできないかをすぐには判断しないようにした。とりあえず、義母の言葉を聞き、トライしてみて、自分にできるかどうかを確かめたうえで、できることだけを選んで実行するしかなかった。できないことはできないのだから、仕方がない。

義父は私には何も期待しないヒトだったので、「我が家ではね」と、三浦家の家訓めいたものを教えるどころか、口に出すことさえしなかった。

義母は私に語学を学んで欲しいと願っていたようだ。できることなら、英語はもちろん、フランス語やドイツ語くらいはできるようになって欲しいと言われたこともある。ところが、学生時代、自分は何をやっていたのだろうと思うほど私は語学ができなかった。自分ではガリ勉だったつもりなのだが、テスト用につめこんでいただけで、使いものにならない。特に英会話が苦手で、英語になると、途端に寡黙になった。

義母は、これからの日本人は世界中の人々と向かいあい、ジョークのひとつも言えるようでなければならないという考えの持ち主だった。確かにその通りであり、私自身もなんとかしなければと思いはするが、うまくいかなかった。

そこで、英語は早々にあきらめ、その代わりに違う言語を習得しようと考えた。そして、インドネシア語を習うことに決めた。大学の頃、第三語学としてインドネシア語を勉強していたので、基礎はできているはずだ。

インドネシア語を習得したいと思ったのは、インドネシアという国が好きだったこともある。しかし、もうひとつ理由があった。近い将来、日本にも海外からの働き手がたくさんやって来るようになるだろう。看護や介護の分野にインドネシアの人たちが進出するというニュースも知っていた。その日が来たとき、彼らの母国語で話をすることができたらお互いに便利だ。それに何より、私はインドネシアという国が好きだった。

そこで一念発起して、勉強し直すことにした。苦手な英語を勉強するより、好きだったインドネシア語を習った方が、効率がいいに決まっている。いったいいつ使うのかと問われたらその通りなのだが、やってみるだけやってみようと思った。

太一が保育園に入るのを待ち、カルチャーセンターのインドネシア語クラスに通う

第四章
それから、義母・曽野綾子

ことにした。意外なことに、せっせとカルチャーセンターに通う私を義母は褒めてくれた。「先に英語をマスターすべきよ」と言われると思っていたのだが、義母は私に外国語に堪能になって欲しかったわけではなかったらしい。ただ一生、勉強する姿勢を持っていて欲しいと願っていただけだという。その言葉が嬉しくて、私は頑張った。そして、インドネシア旅行をしたときにはガイド役をかってでるくらいの語学力を身につけることができたのだった。カルチャーセンターを軽視する人もいるが、私はそれは間違いだと思う。先生は充実しているし、学ぶ側も熱心だ。

この調子で、ドイツ語やフランス語もマスターしようと張り切っていたのだが、イマイチうまくいかないうち、今に至っている。いつものことだが、我ながらツメが甘い。

一方、義母は子供の頃から語学教育を受けており、英語を始めとする語学に恐怖心を持ってはいない。ハウアーユーと問われただけで体中が緊張する私とはえらい違いだ。私もなんとかすべきだったのだが、なんともならなかったのだから仕方がない。

ただし、息子の太一については、英語を話すことができた方がいいと考え、保育園に通うようになると、選択制であった英語のクラスに入れた。保育園から帰った太一に、「今日の授業で何を教わったの？」と聞くと、「バナナ」とか「アップル」を本場仕込みの発音で繰り返すようになったから、役にはたっていたのだろう。少なくとも、何かはしていたのだ。

けれども、小学校に入った頃、義父と義母からさらに英語教育をした方がいいのではないかというアドバイスを受けたとき、それは止めようと思った。まずは日本語をマスターした方がいいと思ったからだ。太一は言葉が遅い子で、英語どころか、日本語の習得もおぼつかなかった。それに何より、英語の塾にわざわざ通わせる気力が私にはなかった。そこで、「ま、いいか。太一は毎日、楽しそうだし」となったのだが、後に、留学したいという夢を抱いた太一が英語で苦労していると知り、私は自分の怠慢を恥じた。

そこで、突如、教育ママに変身し、留学に必要な語学力を身につけるための予備校に通うようううるさく言ったりした。彼が私の言葉を聞いていたかどうかはわからない。義母や義父のアドバイスを受けてから既に二五年が経っていたのだから、遅すぎる反応で、今さら何を言ってるんだかと思ったかもしれない。けれども、反応しないよりはましだろう。

つまり、私の語学教育は必要になったらすればいいというものだった。それが正しかったかどうかよくわからない。子供の頃に外国語をマスターできれば、それにこしたことはないのかもしれない。それぞれが置かれている環境によっても事情は変わってくるだろう。

結局、何が正しいのか、私にはいまだに判断できないままだ。ただ大切なのは、子供のために親がよく考え、自分の考えで出した結論を優先させることだと思ってはいる。上の世代のアドバイスは貴重だが、最後は母親として、自分の判断で子供の教育方針を決めるしかない。たとえ間違っていても仕方がない。全部はうまくいかないのだから。

病気に立ち向かう義母

義母は幼い頃は、大変体が弱い子供だったという。特に、喉が一番の弱点で、ちょっと寒い思いをしただけで喉を腫らし、高熱を出して寝込むこともしばしばだったそうだ。義母の母、つまり祖母は、そんなひとり娘を大事に大事に育てた。外出するときは寒風から守るため、ショールにくるんで移動した。まさに真綿でくるむかのような子育てで、カンガルーの親子のように仲むつまじい姿が浮かんでくる。

けれども成長するにつれ、義母は丈夫になっていった。健康になって欲しいと切望する母の心に応えるかのように、喉を腫らす回数も減り、心身共に活発な少女として成長し、今に至っている。

ただし、義母は健康になるのを漫然と待っていたわけではない。自らを鍛える胆力の持ち主でもあった。大事に育てられた自分はばい菌に対して抵抗力がないと判断するや、床に落としたものでも拾って食べることを自らに課したと言うのだ。す、すごい。

そこまでするかと思う。

いささか極端すぎるような気もするが、何ごとにも徹底して臨むところが、義母らしいとも言える。

それでも仕事が忙しいときなど、喉を腫らし、熱を出したりしていた。疲労は体の弱いところを狙い撃つのだろう。それは誰しもに共通することだ。

しかし、そこは我が義母・曽野綾子。そんなときもただおとなしく寝て治るのを待ってはいなかった。何とかして弱点を克服しようとするのが彼女だ。闘病するときも、猛烈で、徹底的。喉を腫らすとぐんにゃり布団に潜り込んで寝ている私とは、そこがまったく違う。

私は病気と闘わない、というか、闘えない。ただただ、具合の悪さに我が身をまかせ、最低限の家事と締め切りのある原稿を書くと、あとはひたすら水を飲んで寝ている。食事さえもしないときが多い。具合が悪いのだもの、仕方がないと思いながら、ひたすらに布団の中にいる。

しかし、義母はちゃんと闘う。仕方がないと放置したりしない。

常日頃、喉が弱いことを苦にしていた義母は、あるとき一冊の本に出会った。堀口申作の『Bスポットの発見』という本だ。これは、上咽頭部に塩化亜鉛という消炎剤を直接塗りつけることによって、喉の炎症を防ぐ療法について解説したものである。綿棒で粘膜をこするため、炎症がある場合はかなり痛み、げっと吐きそうになったりする。

鼻と喉の間にある「上咽頭」の部分は空気の通り道であり、ほこりや菌が付きやすく、炎症が起きやすい。放置しておくとアトピーを始めとして体の不調の原因となる病気に直結するという。

義母はこの本を読んでぴんとくるものがあったのだろう。Bスポット治療をする医師を探しあて、熱心に通うようになった。最初のうちは治療後は痛くてたまらず、しばらく立てないほどだったと言うが、それでもめげずに通っていた。

「やっぱり私の喉、弱点を抱えていたのよ」と言い、どんなに沁みても出かけていった。

その話を聞いたとき、ちょうど私も喉が痛かったので、つい「私も喉がすぐ痛くなるんです」と言ってしまった。

当然、すぐにBスポット治療に行くように言われた。まいったなと思ったが、義母の熱心さを有り難いと思い、行ってみることにした。ところが、いざやってみると、覚悟はしていたものの、まったくもって白目をむくほど沁みて痛い。

早速、「ひどい目にあいました」と報告したのだが、「やっぱり、あなた、喉が悪いのよ。ちゃんと治してしまいなさい。沁みなくなるまで通うのよ」と、反対に叱咤激励された。

仕方がないので、嫌々通った。結果、風邪をひく回数は減ったのだから、Bスポット治療は確かに効いたといえる。体調も良くなってきて、嬉しかった。もっとも、軟弱な私は喉が良くなると、すぐに行くのが間遠になった。一方、義母はきちんと日を決め、根気強く通っていた。この療法が効くと信じると、ひたすらに突き進む。義母にはそういうところがある。

その甲斐あってか、多忙な毎日を義母は倒れることなく乗り切っていった。食事にも気を配り、野菜を摂るよう心がける。離れて暮らす私たちの食事に野菜が足りないと気づくや、自家栽培の野菜を大量に送ってくれた。義母は海の近くに建てた別荘で、家庭菜園というには大規模な畠作業を行っていたので、そこで収穫した野菜を分けて

第四章

それから、義母・曽野綾子

くれるのだ。

もらってばかりでは申し訳ないと、私もほんの何度か形ばかりの手伝いをしたことがある。もぎたてのトマトにかぶりついたときは、野菜とはこんなにも濃い味がするのかと驚いた。反対に、キャベツは二度と作りたくないと思った。収穫に骨が折れるのだ。茎が硬い上、とにかく猛烈に虫がつく。人間が食べる前にチョウチョウの幼虫の餌になってしまうのではないかと思うほどだ。スーパーで買った野菜しか知らない私にとって、それは初めて知る農業の厳しさだった。以来、「野菜作りって楽しいですね」などと口が裂けても言う資格はないと思うようになった。それどころか、「やっぱり野菜は買うにかぎる」と、こっそり思っている。

義母は八八才まで、年に何度も海外に出かけた。行く前は用事がたまり、寝不足が続いていたようだ。大丈夫なのだろうかと思ったが、それでも元気に出かけ、元気に帰ってきた。

行く先は、サハラ砂漠だとか、アフリカ諸国だとか、私からするとあり得ないほど遠く、厳しい土地ばかりだ。行きたいと思うから行ったのだろうが、旅先でつらい思いをしないはずもない。旅先で転倒し、ひどく頭を打ったという連絡を受け、フランスまで迎えに行こうとしたこともある。

それでも、義母が弱音を吐くのを聞いたことはなかった。私からすると、弱点などないように見える、それが曽野綾子というヒトだった。

こうした精力的な活動が、Ｂスポット治療のおかげかどうかはわからない。ただ、自分の体をできる限り整えておくために、たゆまぬ努力を続ける姿には学ぶべきものがある。

同時に、それだけ、義母は必死だったのだと思わないではいられない。他人に迷惑をかけることを極端に気にする義母は、海外取材先で具合が悪くなることをおそれ、せいいっぱいの準備をする、いや、しないではいられなかったのだろう。

それだけ自分の体、特に喉に自信がないのだ。

一緒に飛行機に乗ると、彼女は飴をしゃぶったりショールを頭からかけたりして、一生懸命喉を守ろうとする。私にまで飴やマスクをくれる。

幼い頃は祖母がショールですっぽりと義母をくるみ、守ってくれた。しかし、その母親を喪ってからは、自分で自分を守るしかないと覚悟を決めたのだろう。元気はつらつで猛烈に見える義母の中には、実はそうしなければいられない不安が内在していたと、私は思う。

骨折にだって負けない

義母は喉の弱さを努力で克服していった。しかし、そんな義母には、もうひとつの弱点があることにやがて気づいた。それは義母だけではなく、多くの女性が悩まされる骨折である。人は年を経るごとに、骨折の危険にさらされる。義母もその例外ではなく、何度か転び、骨折をした。

これまで、一九九六年五月一一日、二〇〇六年五月一九日、そして、二〇一七年一二月四日と二〇二〇年一〇月一一日、義母は四回、骨折している。

義母が初めて骨折したと知らされたときのことは、はっきり覚えている。神戸の自宅にいるとき、朝、電話が鳴った。義父からだった。「そういえば、今日は母の日だったなぁ」と思いながら、「あら、おはようございます」と、のんびり応じると、義父にしては急いた口調で、すぐに太郎にかわるよう言われた。

太郎は冷静に対処していたが、何か良くないことが起こったことは口調でわかった。お墓参りに出かけた際、義母は湿った踏み石に足を滑らせて転び、右足の骨を折ってしまったという。ちょうど弁慶の泣き所と言われる付近の骨で、さぞ痛かったことだろう。かわいそうすぎると、私は思った。それでも義父が一緒にいたので、てきぱきと対応できたのが不幸中の幸いだった。とりあえず救急車で近所の病院に運び、応急処置の後、東京の大きな病院で手術をすることになった。

私はあわてて東京に向かった。どんなにか痛い思いをしているだろうとおずおずと病室に入ったが、義母は元気だった。「約束した仕事もあるから、寝てなどいられないわ」と、ハキハキ話すのには仰天した。「まったくもってかなわない」と思うのは、こんなときだ。しかし、同時にほっとした。これなら、ひとまず安心だ。ただ、一方で義母の母、つまり祖母が骨折してから、寝込みがちになったことを思い出し、大丈夫なのかなと、心が暗くなった。

それに転んだだけで折れてしまうなんて、もしかしたら骨粗鬆症《こつそしょうしょう》ではないだろうか。けれども、検査の結果は、年齢の割には骨量が多く、レントゲン写真で見た画像も、刀ですぱっと切ったかのような折れ方だった。素人目には、なんだか潔ささえ感じるほどだった。

私は反射的に、「なんというか、見事に折れちゃってますね」と言い、その瞬間、しまった、これは失言だと思った。けれども、義母は怒りもせず、「そうでしょ？　パッキリ折れてるでしょ？　あなたうまいこと言うわね」と、まるで自慢するように応じてくるではないか。

そして、青い顔をして「大丈夫かな」と、意味のない問いを発する私に向かい、「大丈夫よ。心配ないわ」と言い放った。私が「痛むでしょう?」とまたまた愚かな問いをすると、「痛くなんかないわよ」と言う。

驚くべきことに、その言葉にうそはないようだった。義母は骨折した直後、処置が終わるや、あらかじめ約束していた講演会に向かったのだという。まったくもって「げっ!」である。そんなこと可能なのだろうか。

その日、行われるはずだった講演会は医療従事者を対象とするものだった。だから「怪我人が話すのも、お役にたつのではないかと思ったのよ」と、嬉しそうですらあった。何ごとにも仕事を優先する人だと知ってはいたが、それにしても骨折したその日に講演会だなんて、すごい、すごすぎると、私は心底、驚いた。痛み止めを飲んでいったのかと聞くと、「飲んでないわよ。痛くなかったもの」という答えだ。気が張っていて、痛みを感じないですんだのか、それとも我慢していたのか、今もってよくわからない。私には考えられない。何か特殊な物質が脳内にあるのではないかと思うほどだ。

その年の義母のスケジュール表を確認してみると、五月一一日に骨折をする前、四月二七日から五月七日まで、ロシア、カザフスタン、キルギスタン、ウズベキスタンなどを旅して、帰国したばかりだ。もしかしたら、旅の疲れが影響していたのかもしれない。ここで少し休みなさいという天からのメッセージだったのだろうか。

それでも、このときの骨折は家族にもまだ余裕があった。もちろん不運なでき事だったけれど、義母は元気はつらつのままだったからだ。

何より、義母は休んでなどいられないという態度を崩さなかった。そして、自力で歩けるようになるや、八月には中国の重慶に、一二月にはアメリカ、ハイチに出かけている。普通なら「また転ぶといけないから、無理をしないようにしよう」と気おくれするものだろう。

しかし、骨折した後、義母は反対に元気になったように見えた。体が動くうちに、行くことができるうちに、行くべき所に行っておこうと思っていたのかもしれない。

それから一〇年後、六五才のとき、義母は自宅で、再びひどい骨折をした。外出しようとして門を出るとき、左のくるぶしをねじりながら転んでしまったのだ。くるぶし全体がバラバラになるほどひどい骨折だった。

ちょうどその頃、息子の太一が祖父母と同居していた。大学院に入ったのをきっかけに、高円寺にあった下宿を引き払い、祖父母の家で一緒に暮らしていたのだ。夫は関西の大学に勤務しているので、私たち夫婦は、神戸を離れることができない。息子なりに、年老いた祖父母のことを考えてくれたのかもしれない。

以来、息子が祖父母の様子を知らせてくれる役目をになっていた。元気だとはいえ、両親も年である。私は心強く思い、息子に感謝していた。しかし、まさか再びの骨折報告を息子から聞くことになるとは思っていなかった。

息子はクールな若者だ。母親である私は何かあると焦り、「どうしよう、どうしよう」と、酸欠状態に陥った金魚のようにパクパクする。しかし、息子は母親の私が言うのもなんだが、常に冷静で、ものごとへの対処が的確だ。けれども、そのときはさすがにあわてた声で電話があった。

大学に行こうと外へ出たとき、何か叫ぶような声を聞いて駆けつけると、義母が座りこんでいたという。足のかかとが完全に反対側を向いてしまっているのを見て、大変なことがおきたと知った。すぐに救急車が呼ばれ、今回は家の近くの大学病院に運ばれて手術することになった。

息子はことの顚末を話してくれた後、「おばあちゃん、歩けなくなるかもしれないよ」と、くぐもった声を出した。それほどひどい怪我だったのだ。

私はあわてて神戸から上京し、病院に着くと、義母は足を吊って寝ていた。見事な手術によって、くるぶしの骨はひとつひとつワイヤーで固定されたという。足も正しい方向を向くようになったというが、厚いギプスと包帯に遮られ、どこがどうなっているのか私にはわからなかった。

とにかく神経が圧迫されてひどく痛むらしい。天井からぶらさがった器具で足を固定している姿は痛々しく、直視できなかった。

私自身は骨折を一度も経験しておらず、家族にもいない。あまりの姿に涙ぐみそうになったのだが、義母はいつも通り、元気が良かった。ドクターの腕の良さを褒めた後、自分は運がいいと言う。細かく散った骨をここまで見事についでもらえるなんて、自分は幸運だと言うのだ。

そして、義母はそのときの様子を明るく語った。手術室に入る前に、たまたま通りがかった医師がレントゲンを見て、「あ、これは大変だ」と、おっしゃったのだそうだ。難しい手術になると思ったのだろう。私なら絶望するところだが、義母はその台詞を声色まで使って生き生きと再現してみせた。ここは笑ってみせるところだと思いはしたが、とてもじゃないが、そんな気持ちにはなれなかった。

私はいつものように思った。「かなわんな」と。

弱音でも吐いてくれたら、私でも何か役に立つことがあるかもしれない。けれども、ひどい怪我をしたというのに義母は負けてなどいない。それどころか、「私は大丈夫だから、神戸に帰りなさい。太郎が待ってるでしょ」と、命じるのだ。それがかえって痛々しくて、私はまた泣きそうになった。

しかし、義母の挑むような姿勢に変わりはなく、ちゃんと歩けるようになるまでに回復した。

回復しただけではない。くるぶしの骨折が全快すると、骨折部位のレントゲン写真をプリントしたTシャツを注文して作り、親しい友人に配ったりしていた。私にも分けてくれたが、何と答えていいかわからず、「こ、こんなことして大丈夫なんですか?」と、つい、聞いてしまった。すると、義母は「つまんない子ねぇ」という顔をして私を見るや、見事な手術で骨折を治してくださった医師に敬意を表するために作ったのだと言った。

実際には、さぞや痛かっただろう。もちろん、つらかったと思う。何しろひどい怪我だったのだ。けれども、義母はこういう災難でさえ面白がってみせる姿勢を崩さない。だったら私も一緒に面白がらなくちゃいけないと、「お母さま、そのTシャツ、スーパーに着て行きます」とかろうじて答えた。すると、義母は「やっとわかったか」という顔で、「そうよ、そうして。もっとあげましょうか」と答えたのだ。

けれども、結局、そのTシャツを私は一度も着なかった。なんとなくつらくて腕を通すことができなかった。義母が、一生懸命、なんでもないふりをするように見えて悲しくてたまらなかった。

それでも、義母は雄々しいままだった。くるぶしを骨折してから三ヶ月後には、早くもシンガポールに出かけているし、一〇月一日からはイタリアに旅行に出かけ、年末もシンガポールで年を越した。旅に出た方が、リハビリになると考えたのかもしれない。もしかしたら、寒さを避けたかったのか。

雄々しい母だが、寒さにはめっぽう弱いのだ。

三回目の骨折

三回目の骨折は二〇一七年一二月四日のことだった。義父はその年の二月に亡くなっていた。以来、義母は寂しそうだった。義父の存在の大きさを思わないではいられない。

それでも義母はただじっと喪に服したりはしなかった。自宅をリノベーションすると言い出したのだ。寒くてたまらないので思い切って、床暖房システムを導入したい

第四章

それから、義母・曽野綾子

と言う。工事の間は、寝るところがないため、自宅の隣にある家で暮らしていた。その家は、将来私たちが住むように建てたものだが、夫の関西勤めは続いており、普段はお客様を泊めたり、我が家で働いているスタッフが休憩する場所となっていた。

義父が亡くなったあと、義母は義父のへそくりで猫を買い、飼った。何かのぬくもりが欲しかったのだろう。猫たちは、義父のいなくなった家に明るさをもたらしていた。

そんなある日のこと、朝、猫の姿が見えないので、心配になったという。探しに行こうとして階段から落ち、肩を強打し、右側の鎖骨を折ってしまった。普段、住んでいる家と勝手が違うので無理もなかった。

そのときの様子は義母自らが書いているが、あっと思ったときには体が横向きになり、階段の途中で止まった。幸い、頭は打たなかったが、鎖骨がひどく痛んだという。動かそうとしても動かせない。どこか折れてしまったのは、これまでの経験でわかった。

すぐに救急車が呼ばれた。義母は、年寄りのために救急車を使うことには反対だったが、そうは言っても体が動かせないのだから仕方がない。

救急隊員はプロらしい冷静さで、シーツ状のもので義母の体全体を覆い、ハンモックにぶらさげるかのように階段を降りた。痛みを感じさせることもなく、てきぱきとした対応だったそうだ。

今回の骨折を知らされた私は、今までになくかなり動揺した。頼りにしていた義父も既になく、元気だった義母ももう八六才だ。まして、鎖骨だなんて。頭から転がり落ちたということではないか。

神戸の自宅に電話があり、義母の怪我を知った私は、あわてて上京した。きっと「来なくてもいいのに」と、言われるだろうと思いながら。

しかし、今回は違っていた。病室に入ると、義母は珍しくしょげていた。「ドジだったわ」と、力なく言った。そして、自分の体のことよりも、救急隊員の方に迷惑をかけたことを、心底悔いているようだった。義母らしいなと思ったが、もう高齢なのだから少しは周囲に甘え、体と心を癒やして欲しいと、私は思った。

ところが、義母はすぐにも退院すると言い、ドクターの許可が出るとさっさと自宅に戻ってきた。

私はいつものように、「す、すごい」とだけ思った。私なら「そろそろ退院してください」と言われても、なるべく長く病院にいたいと思っただろう。病院にいれば、何かあったときも安心だ。痛みのコントロールも医師や看護師さんがいれば、心強い。

けれども、義母は違う。病院は嫌だの一点張り。そして、猫を可愛がりながら、原稿を書く生活に戻った。

いつものことだが、復帰の早さには驚くべきものがある。

四回目の骨折

二〇二〇年の一〇月、義母は四度目の骨折に見舞われた。それも、大腿骨頸部を折ったのだ。私は神戸の自宅におり、その現場にはいなかった。ただ、一緒にいた人の話によると、義母は台所の椅子に座っていて、立ち上がろうとしたその瞬間、バランスを崩して倒れ、右側の足の付け根を強く打ったという。

電話でその知らせを受け、急いで東京に向かおうとしたが、様子がわからない。義母は救急車で病院に搬送されたが、まだ診察も入院もできずにいるという。折からのコロナ禍でPCR検査を受けなければならないからだ。面会もお見舞いももちろん禁止されていて、神戸から駆けつけても、会えないだろうと言われた。

それでも、神戸を出て東京に向かった。

会うことはできないと知ってはいたが、羽田空港に着くとそのまま病院に向かった。

運命を受け入れる

救急外来の受付にようやく着いたはいいが、あきれるほど人がいた。厳重にマスクをして手を消毒し、面会を申し込んだのだが、なかなか許可が出ない。しかし、それも仕方がないことだ。次々とけが人や病人が運び込まれてくる。しかし、家族の付き添いは許されないと説得され、皆、帰宅していく。

翌日になって、手術のことを相談するために短時間の面会が許され、病室で義母に会うことができた。

医師は手術の予定と手順を丁寧に教えてくれた。けれども、本人はできれば手術したくないと言う。私は困り果てたが、結局は手術を受けることに同意してくれた。

無事に手術は終わったが、今回の骨折は義母を打ちのめしたように見えた。義父がいないのが大きかったように思う。さらには、コロナのため、家族や秘書と会えなかったのがこたえたのだろう。可愛がっている猫にも会えない。食欲がなく、みるみる痩せていった。

義母は家に帰りたいと強く願い、ほどなく自宅で暮らし始めた。

家に帰って来てほっとしたのだろう。周囲の人の助けを得て、義母は少しずつ元気を取り戻し始めた。以前のように、元気はつらつというわけにはいかないが、秘書と話したり、新聞を読んだり、猫を可愛がったりしながら暮らしている。テレビのニュースに意見を述べるのも相変わらずだ。

そんな義母を見ていると、何があっても義母は曽野綾子であり続ける、そう思わないではいられない。七〇年近くひとつのことに打ち込み続けた姿には凄みがある。

曽野綾子が物事をはっきり言うわけ

曽野綾子は物事をはっきり言う人である。「歯に衣着せぬ物言いをする人」と、評されたりすることも多い。義母はものごとを的確につかみ、迷うことなく、ぐっさり、ばっさり、切って捨てることができる人なのだろう。

私はその度に、目を見張ってきた。

自分の意見に自信がなく、語尾をはっきり決められないままぐずぐずと話す私にとって、義母のぱきぱきした物言いは、驚異的だ。おそらく義母ははっきりしない私にさぞイライラしただろう。ぐちゃぐちゃ喋っている途中で、「結局、何が言いたいの?」

と聞きたかったことだろう。

結婚したばかりの頃、私はまだ若く、世の中のおそろしさをまったくわかっていなかった。それでいながら世の中をなめていて無頓着だった。私の場合、若さと無知が同義語だった。友達にもしょっちゅう聞かれた。「アッコ、大丈夫？」と。あまりに頼りないので、心配になるのだろう。その度に返す答えはただひとつ、「大丈夫じゃない。大丈夫なはずがない」だった。

幸い、私の周囲はしっかり者が多く、すぐに助けの手をさしのべてくれたので、私はその手をつかんで生きていればよかった。

若かったからと言いたいところだが、助けてくれる友達も同じ年齢なのだから、言い訳にならない。そもそも、年など関係ない。六六才になった今もなお、私は抜けていて、夫にも「暁子、大丈夫か」と、しょっちゅう聞かれる。年は取ったものの、答えはやはりひとつである。「大丈夫じゃない。大丈夫なはずがない」である。自分で言うのもなんだが、私は本当に「大丈夫じゃない」状態で生きてきたし、今も生きている。自分がどういう人間かも、実はさっぱりわからない。なんでもあなたまかせなのだ。

だから、友人に「暁子さんて、世話好きだよね」と言われると、「あぁ、世話好きかも」

と思うし、「クールなところあるよね」と言われると、「クールかも」と、思う。

このままではまずいと思いはするが、六〇も半ばを超えると、なかなか自分を軌道修正することが難しい。この年になっても、私はしばしば「お嬢さんだから」と、言われる。そして、思う。「私はお嬢さんなのか」と。

おそらく私は恵まれた環境で育ったのだろう。特に裕福ではなかったが、いわゆる中流家庭でぬくぬくと育った。食べるのに苦労した経験も無い。両親は喧嘩ばかりしていた時期もあるが、晩年は頼りあって生きていた。それに、私と弟には惜しみない愛情を注いでくれた。私は弟が大好きで、ボーイフレンドなどいらないと思うほど仲がよかった。映画も野球観戦も、男友達と行くより、弟と行った方が面白かった。トイレに行きたいときもすぐに言えるし、何よりも同じ家に帰ってこられる。これほど気楽な関係はない。

強いていえば、父が転勤族だったため、転校するのは嫌だった。せっかく仲良くなった友達と別れなければならない。新しい土地で新しい人間関係を築くのも得意ではなかった。けれども、転校生だからと好奇の目で見られるのもわずかの間だけ。慣れてしまえば毎日は楽しく、特にいじめられた記憶もない。

高校のときは土曜日になると、月曜日まで友達に会えないのが悲しく、「しばらく会えないね」と、本気で別れを惜しんだりしていた。殺人的に混んでいた通学バスでさえ、面白くてたまらず、友達とゲラゲラ笑っていて、うるさいからと途中で降ろされたことさえある。それでも、バス停で笑い続けたのだから、まったくもってお気楽で、幸福な女子であった。

しかし、義母は違う。

彼女の家は火宅だった。父親は外面はいいものの、家では暴君で、義母の大切なものを奪ったり、壊したりしたという。手を上げるのもしょっちゅうだった。木製のハンガーで叩かれたこともあるという。母親は娘を溺愛したけれど、父親から守る力は無かった。夫婦仲も悪く、人生に絶望し、娘を道連れに無理心中しようとしたことさえある。

その話を聞いたとき、私は感情が揺れうごき、思わず言ってしまった。

「それって、かわいそうすぎる」

そして、義母を慰めてあげたいと思った。できることなら、ヨシヨシと抱きしめたいほどだ。

ここで、義母と私が本当にひしと抱き合えば、名場面となったろう。血のつながらない姑と嫁の間に、親子としてのあたたかな感情が流れ、おとぎ話でいえば「二人はこの後、死ぬまで仲よく暮らしましたとさ」というエンディングにつながるに違いない。

ところが……。

現実は違っていた。

「かわいそうすぎる」の言葉に返ってきたのは、「ワタクシ、それで良かったと思っているのよ」だった。

「へ？」と、私はずっこけないではいられない。

ひどいと憤慨していたというのに、本人がそれでいいとは何ごとか？　いいわけないでしょ。万一、心中が成功していたら、義母はこの世にはなく、当然、夫もいないことになる。

「それで良かったのよ」と思う理由について、義母は立て板に水のごとく話してくれた。

幸福な家庭でなかったので、結婚に夢など描かなかった。夫になるヒトに、幸福にしてもらおうなどという考えも持たなかった。おそろしい暴君である父親から逃れられれば、それでよかった。

それに、子供の頃の苦労が自分を鍛えた。物事を複眼で見られるようにもなったのも、火宅で育ったからだ。一見したところでは幸福そうな家庭でも、実はとてつもない闇を抱えているものだ。だから、これでいいのよと断言するのである。

えっ、そうなの。

じゃあ、甘やかされて育って、周囲の人はみんな良い人だと信じ込んだまま大人になり、今もそう思っている私は馬鹿みたいじゃないか。

三浦朱門と曽野綾子は夫婦仲が良くて有名だが、それも仮の姿だと言うのだろうか。もしかしたら、いつかは私も人生のなんたるかを知る日がきて、その暗い円環に巻き込まれていくのかもしれない。

しかし、できることなら、私はこのままずっとのほほんと生きていきたい。

すると、義母はきっぱり、ばっさり、言い切った。

「ワタクシはそんなの、ごめん被りたいわ。つまらないでしょう？　そんな人生」

そのとき、私は悟ったのだ。義母をヨシヨシしてあげたいだなんて、私には一〇〇年早いと。というか、そんなこと、私には不可能なのだと。

苦しみをエネルギーに変え、義母は作家として大成した。

恵まれない環境がヒトを鍛える。それは本当のことなのかもしれない。しかし、私はそんなことは避けて通りたい。どんなにつまらない人生でもいいから、夫と息子の家族がぬくぬくと生きている方がいい。「大丈夫？」と、聞かれ「大丈夫じゃない」と答えてはいる私だが、大丈夫じゃなさそうで、どうにか大丈夫な人生を選びたいというのが本音だ。

もちろん、年を経るごとに私にだって泣きたいことがたくさん起きた。死にたいと思ったこともある。可愛がってくれた実家の両親の最期も決して幸福とは言えず、その記憶は今も私を苦しめる。

義母のように、私にも困難をエネルギーに換える力があればいいのにと思う日もある。しかし、ないものねだりをしても仕方がない。私には無理だ。

だから、たまに「曽野さんはお嬢様育ちですものね」と言う人に会うと「いえいえ、彼女は苦労人です。どちらかというとお嬢さんは私です」と、答えたくなる。それを知った義母は心からの笑顔を見せ、「暁子さんも、面白くなってきたわね」と、満足げに言う。本来、ここは気を悪くするところのように思うのだが……。

とにかく、私と義母はまったく異なる性格である。

だから、結婚以来、一度も喧嘩をしなかったのだろう。しなかったというより、喧嘩にならなかったのだ。

ワタクシとアタシ

義母は私に色々なことを教えてくれたが、そのひとつに自分の呼び方がある。

義母は取材を受けるときやテレビに出演したとき、自分のことを「ワタクシ」と、言う。折り目正しく、はっきりとした口調でそう言う。

ただし、それは仕事上のことで、家でも「ワタクシ」とは言わないだろう。私はそう思っていた。現に実家の母は、外では「ワタシ」と言いながらも、家では自分のことを「お母さん」と呼んでいたし、友達の家も似たり寄ったりであった。ところが、曽野綾子は家でも自分のことを「ママ」とか「お母さん」と言わず、もっぱら「ワタクシ」で通している。

私はといえば、実家では家族に「お姉ちゃん」と呼ばれていた。父も母も、もちろん弟もそう呼んだ。子供の頃からの習慣は大人になっても続き、私は自分で自分を「お姉ちゃん」と呼んでいたし、その言い方に満足していた。

ところが、結婚してから困ったなと思った。まさかお姉ちゃんとは言えない。太郎は私を「暁子」と名前で呼んでいたが、まさか、自分を「暁子はね」とは言えない。

第四章
それから、義母・曽野綾子

そこで、「ワタシ」と、言い始めたのだが、言い慣れないせいか、どこか不自然なのだろう。「ワタシね」というと、違和感があり、次第に「アタシ」に近づいていた。すると太郎が「あのさ、アタシっていう言い方、変だよ。おやじたちもそう言ってるよ」と、珍しく小言を言う。ふてくされた私が「じゃあ、なんて言えばいいのさ」と、聞くと「ワタクシだろ、やっぱ」と答えるのである。

ワタクシ？

アタシは駄目で？

私は思い切り違和感を持った。

家の中で「ワタクシ」と言うなんて、サザエさんみたいじゃないか。反論したいと思うものの、テレビで聞くサザエさんの日本語は確かに美しい。口調もはきはきしている。古き良き時代の日本では、私は「ワタクシ」と言うものなのか。

しかし、「お姉ちゃん」から「ワタクシ」への変換は難しかった。言葉がうまく口から出てこない。困ったなあと思ったまま、私は暮らしていた。それに、自分の考えなど滅多に言わなかったので、一人称を使わなくても特に困らなかった。そのうち子供が生まれると、私は自分のことを「ママ」と呼び始め、やがて義父母にも夫に対しても「ママはそう思う」と言うようになった。

ママは便利な言葉だ。勝手に息子を味方につける。

ところが、自分をママと呼ぶようになってから数年後、私はエッセイを書くようになり、取材を受けたりするようになった。インタビューに慣れない私は、記事になる前に校正を送ってもらい、言い間違えがないかチェックさせてもらっていた。

そのとき、文章では「私」と漢字で表記されていたので気づかなかったが、実際には「ワタクシ」と、言っていたようなのだ。それというのも、あるとき、義母と親しい編集者に言われた。「暁子さん、曽野先生に口調が似てますね。特にワタクシという言い方がそっくりです」

私はびっくり仰天した。自分がそう言っていることに気づいていなかったからだ。きっと知らず知らずのうちに、影響を受けていたのだろう。

サザエさんじゃあるまいしと言っておきながら、今も仕事の打ち合わせなどがあると、「ワタクシもそう思います」と言ったりしている。反論するときはことさらにワタクシに力が入るようにもなった。「お姉ちゃん」から、「ママ」へ、そして、「ワタクシ」へと、私は変化してきたのだろう。

第五章

最後に、私たち家族

結婚とは気味が悪いものだ

結婚し、私は三浦家の一員となった。

新婚旅行から帰ると、空港からまっすぐ三浦の家に向かい、そのまましばらくの間は夫の実家で暮らした。つかの間とはいえ、同居生活が始まったのである。

結婚する前から三浦の家には何度も行っており、入り浸っていたと言ってもいい状態だった。結婚式の相談をしなければならないのに、名古屋にいる太郎が来ることができない。そこで私は、これから舅姑になる三浦の両親のところに一人で出かけていき、様々な打ち合わせをした。けれども、それはお客さんとしての訪問であり、ただ座ってお茶など飲んで話していればいいのだから、「楽勝」であった。

ところが、結婚するや事態は一転し、私は「三浦家の人」となった。自分自身は変わらないでいるつもりなのに、周囲の態度がまったく変わったのだ。私は太郎のガールフレンドの暁子さんから「三浦の家の奥さん」になった。注がれる視線に違和感を感じる日々の始まりだ。

このとき、私は初めて「結婚て、気持ちの悪いものだ」と、思った。そして、こうも考えた。「結婚なんかしちゃって大丈夫だったのかな、アタシ」と。

一応、若奥さんと呼ばれる立場になったものの、いったい何をどうしたらいいのかさっぱりわからない。結婚したのだから、ご飯の後、お茶碗くらいは洗うべきだろう。幸い三浦の家にはお手伝いさんがいて、ご飯も作ってくれるし、洗濯も掃除もしてくれる。家事のプロだから、私など手伝おうとしても邪魔なだけだ。かといって、今まで通り、「いただきます」と「ごちそうさま」で三食食べていればいいってものじゃないだろう。

きっと普通の家庭では、ここで「味噌汁の味付けが違う」といった喧嘩が勃発するのだろう。その点では私は恵まれていたと思う。

しかし、私は人を使う生活に慣れていなかった。だから、洗濯物をお手伝いさんに差し出す太郎を見て、本当に驚いた。違和感を持ち、非難するかのように聞いてしまった。

「太郎さん、他人にパンツ洗ってもらって平気なの？　恥ずかしくないの？」と。すると、彼は「なんでよ。俺、パンツ早く洗ってもらわないと、新しいのないんだよ。急ぐんだよ。暁子も早く洗ってもらいなよ」という答えが返ってきた。

そういうことを言っているんじゃないのに、と私は思い、「私は自分で洗濯するからいいの。洗濯機、借りてもいい？」と尋ねると、「知らないよ。俺の洗濯機じゃないもん。でも、暁子、自分で洗濯するなら、俺のもしといてよ。急いでね」などと言う。私は再び思った。そういうことじゃないんだってば、と。

結婚して初めて感じた、夫とのズレに似た感覚であった。当たり前のことだが、太郎と私では育ちが違う。下着の洗い方ひとつとっても、この有様だ。これから二人で暮らし始めたら、いったい何が起こるのだろう。私は不安になった。

それでも、結婚後、三浦の家で暮らしたのはわずかの間だった。太郎はまだ大学院の学生で、博士課程の入学試験が迫っていたからだ。早く名古屋のアパートに帰り、落ち着いて受験勉強をしなくてはならない。

新婚旅行に持って行ったスーツケースに洗ってたたんだ洗濯物を入れると、私たちは新幹線に乗り、名古屋のアパートに向かった。太郎が大学に入学してから、もう七年も住んでいる下宿だから、必要なものはすべて揃っていた。狭くなるからよけいなものは持ってくるなと言われていたので、私は嫁入り道具も持たないまま、スーツケースひとつで到着した。まさに転がり込んだという感じだった。

第五章

最後に、私たち家族

私にはひとつ憧れていることがあった。映画などで、よくあるでしょう。新妻を夫がお姫様だっこして、新居に入るシーンが。私もあれをして欲しいと考えていたのだ。ところが、太郎にとってはそこは長く住んだ自分の下宿だ。新居という感覚などみじんもないだろう。さっさと鍵を取り出すや、どんどん入っていく。私は背後から「ちょっと、何か忘れてないですか」と言いたかったが、振り向くと彼は言った。「荷物、重たかったね。俺さぁ、荷物を持つの苦手なんだよね」と。

これでは私を抱き上げろと言えるはずもない。

私は私で、しばらく閉めきっていた部屋にこもった空気が気になった。そこにあるのは、独身男であった太郎の家のにおいだった。換気しなくてはと思った私は、お姫様だっこのことなどすぐに忘れた。

その後、二人で近所のスーパーに買い出しに行き、名古屋での新婚生活一日目は慌ただしく終わった。翌日から太郎は博士課程の入試のための勉強に邁進し始めた。私は彼を手伝うわけにもいかず、「これから、どうしようかな」などと思って、日々を過ごしていた。

これからの自分がどうなるのか、見当もつかなかった。結婚式までは自分の描いたガイドラインがあり、それに従っていればよかった。式の準備をしたり、ウエディングドレスを用意したり、大学の卒業論文を書いたりと忙しく、結婚後のことを考える余裕がなかった。いや、考えたくても考えられない状態だった。もし、太郎が博士課程の入試に落ちたら、フィリピンの大学に行くと聞かされていたからだ。

いつの日か名古屋を引き払い、フィリピンに向かうことになるのだろうか。それとも運良く合格し、このまま名古屋での生活が続くのか。いったいどちらになるのか、それは合格発表の日までわからない。私だけではなく、夫となった太郎にも未来は不透明な状態だ。思えば何もかもがあなたまかせ。太郎の未来が私の未来を決めることになる。だから、考えたくても考えられないというのが本当のところだ。

それから、三週間後、帰宅した太郎に「博士課程、合格したよ」と聞かされた。早速、東京の両親に電話で知らせる彼の背中を見ながら、私は思った。「これでますます先行きは不透明だ」と。大学院生の妻になったはいいが、いったいどうしたらよいのだろう。

それでも、「これからどうしようか」と不安そうな彼に力強く答えたのは、むしろこの私だった。「大丈夫、すべてはうまくいくから」と、繰り返した。何が大丈夫なのか自分でもわかっていないくせに、私は自信満々だった。すべてをあなたまかせにする性格なのに、この奇妙な断定はいったいどこから来たのだろう。自分でも謎だ。

第五章

最後に、私たち家族

それなのに、太郎は言った。「暁子の言う通りだ。暁子が大丈夫と言うから、落ち着いて試験にのぞめた。ありがとうね」と。私は「良かったね。おめでとう」とは、言ったが、さすがに本当のことは言えなかった。大丈夫と言ったくせに、根拠などどこにもなかったと打ち明けたら、彼はどんなにがっくりするだろう。

そんな私の気持ちに気づくはずもなく、太郎は言った。「頼りにしてるからさ。これからもよろしくね」と。

そのとき、私は気づいたのだ。お姫様だっこされて家に入りたかったのは、私よりもむしろ太郎の方だったことを。バタバタと結婚してしまい、彼はさぞや不安だったことだろう。

ところで、この原稿を書いているとき、なぜ外国人はお姫様だっこして新居に入るのだろうと疑問が湧いてきて、止まらなくなった。

こらえきれずに調べると、結婚式を終えた二人が初めて新居に入るとき、新郎が花嫁を抱えて敷居を越える習慣は、その起源をローマ時代までさかのぼることができるという。敷居につまずくと不運の前兆となるため、それを避けるためだという。必ずしも抱きかかえなくてもいいらしい。二人で敷居を飛び越えて室内に入ることもあるという。

そうだったのか。

実に四二年ぶりにとけた謎だ。

思い出してみると、名古屋のアパートに入るとき、入口でつっかえたりした記憶はないから、それでよかったのだろう。それに、もし、敷居に引っかかって転んだとしても、やっぱり私は思っただろう。「ま、それはそれで何とかなるわ」と。それでなくても私たちの結婚は不安定だ。何とかなると信じるしかない。

引っ越し自慢

私の実家の父は製薬会社の営業マンで、転勤の多い仕事だった。本社から地方の支店に転勤し、そこで数年暮らすと、また東京の本社に戻るといった生活を繰り返していた。

振り返ってみると、けっこう住み歩いたなと改めて思う。

私は、母の実家がある沼津で生まれた。母がお産のために帰省したからだ。そして、東京は目黒の大鳥神社近くの社宅で三歳まで育った。ここまでの記憶は断片的にしか

第五章

最後に、私たち家族

ない。その後、埼玉県の浦和に移り、五歳で仙台に引っ越した。それはよく覚えている。浦和では団地形式の社宅にいて、友達も多く楽しかった。

ただし、幼稚園に入ったと思ったら、再び転勤のため仙台に移り、そこで小学校に入った。仙台市内で二度転居した後、小学校の三年生のとき再び浦和に移ることになった。当然、転校しなければならず、仙台の学校が大好きだった私はかなりこたえた。それでも、子供は順応力が高い。すぐになじんで、地元の公立中学に進んだ。国立の中学受験に失敗して進学した学校だったが、私はその中学も大好きになった。

それなのに、中学二年生のとき、また東京に戻ることになり、港区の白金台に引っ越した。そして、高校三年生のとき、父が札幌へ転勤し、武蔵境や奥沢での下宿生活の後、神奈川で家族に合流するまで引っ越しが続いた。

結婚後は名古屋に住んでいたが、やがて神戸に越し、以来、四〇年あまり神戸の同じマンションで暮らしている。改めて数えてみると、一二回の引っ越しを体験したことになる。

我が家にとって、引っ越しとは父が新しい任地を得たことを指した。多くの場合は栄転だったから、家族は喜ぶべきところだが、母はそうではなかった。私の母は沼津で生まれ沼津で育ち、知らない土地に行くのが嫌いな人だった。環境の変化にも弱かったのか、当然、引っ越しも苦手で、いつも半泣きになっていた。

引っ越しが決まると、母は沼津に住んでいる自分の母親にSOSを発信した。祖母は知らせを受けるや、すぐに引っ越しの手伝いにやって来た。祖母はしっかりではすまないほどのしっかり者だったので、「また引っ越しだなんて、どうしたらいいかわからない」と鬱状態になる母を見て、「まったくもって情けない。末っ子だからと、甘やかしすぎた。私が悪い」と、自分自身に怒りを向けた後、「もう、こうなったら暁子がやるしかない」と、勝手に私に白羽の矢を立ててこき使った。

私はといえば、転校は嫌だったが、引っ越しは大好きだった。なくしてしまったと思い込んでいたハンカチや文房具が、タンスの裏から出てきたりするのが面白くてたまらない。当時は断捨離という言葉を知らなかったが、子供心に、引っ越しには断捨離する爽快感があると感じ取っていた。

やがて私は引っ越しになると、一人で張り切る娘になっていた。中学生になると、祖母の応援などなくても引っ越しを仕切ることができるようになっていた。引っ越し屋さんに、「あんた、うちで働かないか」とすすめられるほど、嬉々として引っ越し作業にいそしんだ。

だから、結婚して実家から名古屋へ引っ越すのが楽しみでならなかった。初めて暮

第五章

最後に、私たち家族

らす名古屋は、いったいどんなところなのだろう。胸がワクワクした。ところが、いざ太郎が学生時代から住んでいる部屋で暮らし始めると、部屋中にモノ、特に本があふれていて、飽和状態だと気づいた。

それでも、下宿と呼ぶには素敵な部屋に彼は住んでいた。家具やカーテンなどは義母が選んだものだと言う。凝ったデザインの椅子やソファが並び、リビングルームの壁は、白木の本棚が作り付けになっていた。私は初めて見る作り付けの家具に目を見張った。

しかし、問題はその使い方だった。折角の書棚なのに、棚がたわまないのが不思議なほど、大量の本が詰め込まれている。一冊抜き出す度に、ツメがはがれるのではないかと思うほどぎゅうぎゅう詰めだ。

驚いた私が、「この本、全部、読んだの？」と聞くと、「うん。人類学関係のは全部、何度も読んだよ」という返事だ。一冊取り出してパラパラめくってみると、背表紙が切れるほど読み込んだものが多い。太郎は、人類学を学ぶために名古屋に進学させてくれた両親の期待を裏切らないよう、頑張っていたのだろう。

私は自分の実家に残してきた本箱のことを思い出していた。本箱はスチール製で、組み立て式だった。引っ越す度に、ばらして運び、新しい家で組み立てればいいからだ。本が詰め込んであることに変わりはないが、私の本棚には、自分が読みたいと思って選んだ本だけが並んでいた。両親の期待を背負って読んだ本は一冊もない。私のように乱読する者は到底、研究者にはなれないだろうと、太郎の書棚を見ながら改めて思った。研究者になるべく、東京から一人で名古屋にやって来た太郎と私とでは、本棚ひとつとってもまったく違うと思い知った瞬間だった。

ところで、これから先、私が名古屋で買った本はどこへ置けばいいのだろう。白木の本棚にはもう余地がない。私は急に暗い気持ちになった。自分の居場所がないように感じたからだ。

太郎の下宿に転がり込むように結婚したのは幸運だとよくわかっていた。家賃もかからないし、面倒な手続きもなく、駐車場までついている。

それでも、本当のことを言うと、結婚したからには、たとえ古くてぼろくてもいいから、新しく借りたアパートに二人の荷物を持ち寄るところから始めてみたかった。洒落た家具などなくても、新生活って感じがする。

スーツケースひとつで嫁入りした私だったが、早くも次の引っ越しが楽しみになった。今度こそ、自分たちでアパートを見つけたい。太郎にそう伝えると、思い切り、顔が曇った。そんなにこの部屋が好きなのかと思ったら、そうではなく、自分は引っ越しというのが大の苦手で、多分、できないと思うと言うのだ。

なんだ、そんなことか。

私は心底、安心し、腕に力こぶを作って、「大丈夫よ。心配ない。引っ越しはまかせてよ」と、断言した。

何につけ自信がない私だが、引っ越しだけは自信があった。

しかし、この言葉が、後々たたることを、そのときの私はまだ知らなかった。

付き合う前に別れ話

名古屋に住み始めてすぐの頃、新婚家庭を覗きたいと、たくさんの人がやって来た。お客様と言っても、私は太郎の下宿に転がり込んだ形だったので、友達は私より太郎の下宿に詳しかった。既に遊びに来たことがあり、自分の家のように使ったことがある人がほとんどだったからだ。当然、来客用に何か買う必要もない。

唯一の例外がスリッパだった。太郎はそれまでスリッパを使わない生活をしていたようだ。

最初のお客さんとしてやって来たのは、太郎の大学院の同級生だった。ここでは仮に原口さんとしておこう。

原口さんは苦労して学業を続けている人だった。故郷の村がダム建設のため水の下に沈んでしまい、新しく用意された土地への引っ越しを余儀なくされた経験を持っていた。

彼の専攻は考古学で、倉庫のような場所で、土から掘り出した遺物を丁寧に区分けしていた。雨の日も風の日も、彼は忙しそうに働いていた。晴れると発掘現場に行ってしまうので、原口さんに会いたいときは、天気の悪い日を選んで出かけるようにしていた。

私は大学の頃、歴史学を専攻しており、考古学にも興味があった。学芸員の資格を取るために、一週間、合宿しながら、平安京の発掘に携わったこともある。

原口さんにおずおずとそのことを打ち明けると、「暁子ちゃん、それはすごいぞ。たいしたもんだ」と、褒めてくれた。すごいのかどうかはよくわからなかったが、私は遺跡発掘にかかわったことを初めて自慢に思った。彼は人に自信を持たせる独特の話術を持っていた。

原口さんは本当に優しい人だった。そして、誰よりも太郎を理解していた。もしかしたら私よりも彼の方が、太郎をわかっていたのかもしれない。

第五章

最後に、私たち家族

太郎と原口さんは育った環境も、専攻も、女性の趣味も、すべてがまったく違っていた。しかし、二人は仲が良く、互いを思いやっていた。

原口さんの話では、名古屋に住み始めてすぐの頃、太郎を東京から来た変なやつと冷たい目で見る人もいたという。わざわざ名古屋にやって来たことが理解できなかったのかもしれない。「ぼっちゃんだろ。どうせ」的な視線を向けられてもいた。

確かに、太郎は食べるのに困ったことはなく、何不自由なく育った。原口さんのように、家が水没するといった目にもあってはいない。しかし、原口さんはそんな太郎を「太郎さんは、それなりに大変だよ。気の毒に思うよ」と慰めたり、「あのさ、そんなことでは名古屋で暮らせないよ」と諭したりしていた。

もし彼がいなかったら、私たちは結婚していなかっただろうと思うことがある。

私たちが知り合ったばかりの頃、太郎が電話をしてきて、「きみといると、僕は人類学に打ち込めない。きみにだってこれから夢があるだろう？　僕と一緒にいたら、それは果たせない。だから、もう会うのをやめた方がいいと思うんだ」と、いきなり言われた。

私はびっくり仰天した。いったい何を言っているのだろう。ほんの少し前に、私のことを大好きだと、電話で囁いたはずなのに、私の反応が悪かったのだろうか。私は電話での会話が苦手で、反応が鈍い。「キミを好きだ」と言われても「あ、それはどうも」などと言ってしまう。友達になるにも時間がかかり、五年くらいしてから「友達になってくれてありがとうね」などと言い、相手に「今さら何言ってるの？」と、気味悪がられたりしている。

それでも、私を好きだと言ってくれたはずなのに、あれは空耳だったのだろうか。いや、それとも、人類学者にとって私はそれほどお荷物なのか。そもそも、まだ付き合っているという段階ではないような気がする。

ぼんやり考えていると、また電話が鳴った。当時はまだディスプレイ・フォンというものがなかったので、誰からの電話かはわからなかったが、太郎からだろうと思った。あまりに乱暴だったと説明し、謝ってくれるつもりだろう。

私はうろたえながら、受話器を取った。

すると、受話器の向こうからは、太郎ではない男性の声が聞こえてくる。

「もしもし、暁子ちゃん？　原口だけど」

彼は太郎に頼まれて、事の経緯を説明するため、電話をしてきたのだと言う。

彼が言うには、太郎はこれから脇目も振らず、勉強していかなくてはならない。そうでないと、人類学の専門家になるのは難しい。女の子と付き合っている余裕などない。何よりも、二人はまだ若い。結婚を前提に付き合うのは無理な話だ。だから、お互いの将来のためにもう会わない方がいいと、太郎は言っている。つらいだろうが、納得してはもらえないだろうか。

と、まあ、そんな内容のことをつっかえながら、実に誠実に伝えてくれた。ひとつひとつ言葉を選び、私を傷つけないよう細心の注意を払いながら、ぼそぼそと言葉をしぼり出してくる。

そして、最後に「僕もね、こんなこと伝えるの、嫌なんだよ。でもね、三浦は誠実な人とも言えるよ。このまま適当に付き合うこともできるのに、それではいけないと考えたのだろう。だから、わかってやって。もう会わないと約束して」と、苦しそうな声であえぐように付け足すのである。まるで、自分の別れ話をしているみたいだ。

そうまで言われたら仕方がない。私の方もお付き合いをしているとは思っていなかった。何しろ私はまだ高校生だったのだから。

そこで、私は即答した。「わかりました」と。

すると、彼は「え！」と言い、「いいの？　わかってくれたの？」と、憐れむような声を出した。

「わかっています。それでいいです」

すると、彼は私がもう電話を切ったと思ったのか、それともほっとしすぎて余裕がなかったのか、電話の向こうにいる太郎に嬉しそうに伝えた。

「暁子ちゃん、わかってくれたよ。いいってさ。もう会わないって。良かったな、太郎」

ところが、結局、翌日、太郎が名古屋から東京にやって来て、「昨日はどうかしてた」とあやまり、私たちはまた会うようになり、別れの電話から七年後に結婚したのだった。

後日、原口さんに「あれはいったい何だったのでしょう?」と聞いてみると、それに答える代わりに、「太郎を理解してやってくれ」と、言った。そして、私が知らない太郎の一面を話してくれた。

彼は、太郎は誤解されやすい人間だと言う。わがままなところもある。だから、先輩の研究者に好かれているとは言えない。調査が大事な人類学を学ぶには、それは大きな欠点だ。競争も激しく、必死で勉学に打ち込まなければ、人類学でメシを食べていくのは難しい。女の子と付き合う余裕などないと考えたのも無理はない。

けれども、彼はこうも言った。「太郎さんほど、子供みたいに人のためにつくす男を俺は知らない」と。

たとえば、太郎のアパートで鶏の水炊きパーティをしたことがあったという。原口さんはじめ何人かの友達が招かれたが、調理しているとき、太郎が包丁で手を切ってしまった。ひどく血が出て大騒ぎになったが、太郎は「大丈夫」と言いながら、何とか片手で水炊きを完成させ、「みんなで食べてて」と、姿を消した。

残された人たちは「どうしよう」と顔を見合わせたものの、ぐつぐつとおいしそうに煮えている水炊きを前にすると、我慢ができず、すぐさま皆で食べ始めた。冷蔵庫の中にはビールも冷えていて、ぐいぐい飲んでいるうち、太郎がいったいどこへ行ったのか、怪我はどうなったのか、あまり考えなくなっていた。

鍋をほとんど食べ終わった頃、手に包帯を巻いた太郎が帰ってきた。

ま、まずい。

鍋の中はもうほとんど鶏肉がない。

それに、怪我はけっこう重傷だったようで、何針か縫ったという。

青くなった原口さんが、「だ、大丈夫か？」と尋ねると、太郎は「おー、みんな食べたか。おいしかったろう」と心底の笑顔を見せた。自分の分が残っていないことにも、ビールの缶が散らかっていることにも頓着せず、ニコニコしている。

包帯を巻いた手を頭の上にのせながら……。

原口さんが、いったいこいつは何をしているのだと思うと、太郎は素早くその心を察し、「心臓よりも高いところに手を置かないと、まだ血が出るんだよ。包丁、よく研いであったからな」と、林家三平が「どうもすみません」と言うときのようなポーズを崩さずに笑っている。

啞然としつつも、彼は「お坊ちゃんって、こういう人のことを言うのか」と思ったそうだ。そして、「困ったヤツだ」とあきれながらも、太郎のことを心底好きだと感じたと言う。

うーむ、なるほど。

確かに、太郎にはそういうところがある。人をなかなか信じないくせに、いったん信じると、とことん信じ切る。そして、自分に不利が生じても、まったく気にしない。もとよりそれで得をしようとか、恩を売ろうとか考えていないからだ。

原口さんはもそもそとした口調ながら、私に懇願した。「暁子ちゃん、そういうことだからさ、三浦のこと、見捨てないでやってよ。頼むよ」と、手まで合わせて言うのだ。

そう言われると、私も悪い気はしない。けれども、かつての「別れた方がいい」というアドバイスはうそだったのかと、すねたくもなる。尋ねてみると、彼は煙草をくわえてぼそりと言った。

「あのとき、僕はね、暁子ちゃんのためには、付き合うのはやめた方がいいと思ったんだよ。だって、太郎といると疲れるじゃない。たまに会うならいいけどさ、ずっとだと手に負えないとこあるでしょ。だから、暁子ちゃんが素直に『わかりました』と言ったとき、驚くと同時に、ほっとしたんだよ。嫌ですと言って、泣くだろうと予想して、いろいろ慰めの言葉を用意していたのに、ひとこととわかりました、だもん」

「わかりました」と言ったのは、原口さんの言葉を理解したという意味だ。太郎の気持ちをわかっていたわけではない。

そう言うと、彼は煙草に火をつけながら言った。

「三浦はさ、そういうヤツなんだよ。難しいんだよ。そんな自分をわかってるから、発作みたいに別れようと言ったりするんだろうな。実はなぜなのか、ボクにもよくわかんないもん。あいつはお坊ちゃんだとは思うよ。ただ、お坊ちゃんていうのは、はたで思うほど幸福じゃないんだよ。三浦に出会って、それを知った」

私はなるほどとうなずくしかなかった。

こうして、いつも太郎の味方であった原口さんだったのに、彼は若くして亡くなってしまった。突然死だった。奥様からその知らせを受けたときの太郎を私は今も忘れることができない。彼は黙って受話器を置いた後、「俺、葬式、出ないぞ。嫌だよ、そんなの。あいつが死んだなんて認めないから」と言いながら、葬儀場のメモを私に渡した。喪服の用意をして欲しかったのだろう。

葬儀の間、太郎はただ黙って座っていた。棺の中のお顔を見ようともしなかった。私は私で、もう太郎のことを教えてくれる人はいなくなったのだと自分に言い聞かせていた。原口さんはこの世で数少ない、太郎を理解している人だとわかっていたからだ。今も時々、彼の顔が目に浮かぶ。「三浦はさぁ、困っちゃうけど、でも、いいやつなんだよ。いいやつだから、困っちゃうんだよ」と、ぼやく彼の姿が……。

てんやわんやの引っ越し

太郎は人生で五回、引っ越しを経験している。そのうちの三回は、私が取り仕切った。周囲の話では、太郎はまったくもって引っ越しに役に立たないと聞いていたし、実際にその通りだったので、取り仕切らないわけにはいかなかったのだ。

一度目の引っ越しは、太郎が大学に入学するときのことだから、私は知らない。すべては原口さんをはじめとする太郎の友人達から聞いた話だ。

太郎は東京で生まれ、東京で育ったが、人類学を専攻しようと名古屋の南山大学に進学した。人類学科があったのが一番大きな理由だが、東京の実家を離れたいという気持ちもあったのだろう。男の子は一人暮らしをしたがるものだ。

望みは叶い、太郎は南山大学に入学し、東京の実家を離れて名古屋の賃貸アパートに引っ越した、はずだ。少なくとも、私はそう聞いている。

はっきりしないのにはわけがある。本人はもちろん、三浦の両親や友達も、太郎の引っ越しの話をしないのである。まるで引っ越しなどなかったかのようだ。おそらく、身ひとつで来てアパートを借り、必要なものはすべて名古屋で買ったのだろう。

二度目の引っ越しは、その賃貸アパートから、すぐそばに建ったマンションへの移動だった。これは「はずだ」ではなく、確かだ。そのときの話は、原口さんから何度も、それこそ耳にたこができるほど聞かされていた。

彼によれば、それはあり得ない引っ越しだったようだ。


複数の証言者の話をまとめると、こういうことになる。

太郎がまだ大学一年生のときのことだ。

原口さんともう一人の友人が、「引っ越しするから手伝ってくれる?」と、頼まれた。

それまで半年ほど暮らしたアパートを引き払い、新しく建ったマンションの一室で暮らすことになったのだという。何ごとにも先を読むことに長けた義母が、太郎は大学院まで進むと予想し、それなら賃貸料を払い続けるアパートではなく、マンションを買ってしまった方が経済的だと判断したからだ。結局、太郎はそのマンションに一三年住んだので、元を取ったのは間違いない。

太郎はそういう計算はできないが、人を見る目は確かで、友達は誠実で尊敬できる人ばかりだった。原口さんはまさにそういう人で、親友と呼ぶべき人だった。

彼は故郷がダムに沈んだこともあり、度々の引っ越しを余儀なくされた。苦労人であり、普段は寡黙だが、話し始めると、子供の頃にカッパを見たとか、故郷出身の力士にやたらと詳しかったり、私が考えもしないネタを独特の話術を駆使して披露しては、笑わせてくれた。

大学に入学してすぐ、太郎と原口さんは互いに信頼しあう関係になった。原口さんには友達が多く、引っ越しにあたって、もう一人の友人を助っ人として連れてきた。その人は山岳部の部員で、腕っ節が強くハートの熱い、親切な方だった。二人は太郎の頼みを快く引き受け、張り切ってやってきた。

この後、どんな運命が二人を待ち受けているかも知らずに……。

第五章
最後に、私たち家族

朝、二人が玄関のチャイムを押すと、玄関の扉の脇にある大きな窓ガラスがあき、「ここから入って」と言われた。鍵の調子が悪く、玄関の鉄の扉が開かないので窓から出入りしているという。

太郎はやたらと元気がよく、「今、ラーメン食べてたとこ。全部、食べるまでちょっと待ってて。のびちゃうから」と、言った。

まだ朝飯の途中だったのだ。

その日は天気が良く、引っ越しには最適な日だった。けれども、原口さんの心には暗雲が立ちこめ始めていた。ひょっとしたら、引っ越しの日を間違えたのではないかと思ったからだ。

不安な気持ちを抱えたまま部屋に入ると、いつもと寸分変わりがないことに驚いた。ラーメンを食べている食卓を始めとして、日常生活が行われている状態のまま、部屋中が朝日を浴びている。食器は洗いかごの中に入ったままだし、本も括っていない。どこにも引っ越しの準備をした形跡がないのだ。ベランダには洗濯物まで干してある。

原口さんにすれば、いっそ間違いであってくれと言いたかっただろう。引っ越しの当日だとは、誰にも想像できない日常的なその空間。

そこはかとない不安にさいなまれながらも、「おい、引っ越し今日じゃなかったか」

と聞くと、太郎はにっこり笑い、「今日だよ。今から。よろしく頼むね」と、答えるのみだ。

今からって……。

よろしくって……。

頼むといわれても……。

引っ越し業者は頼んであるのか？　まさか何もしていないのだろうか。

嫌な予感を打ち消しながら尋ねると、「えっ？　業者？　頼んでないよ。近いから、手で運べばいいと思って。引っ越し先、道の反対側だよ。近いよ」と、無邪気というかなんというか、あり得ない言葉が返ってくる。

「僕はこのとき、できることなら逃げようと思った」と、原口さんは教えてくれた。

「逃げればよかったのに」と答えようとして、それは無理だと思った。彼は太郎をおいて逃げることはできない。そんなことができる人ではないのだ。

二人の友達は絶望しつつも、とにかく畳の上に積みあげられている雑誌や衣類を、ビニール袋にめちゃくちゃに詰め始めた。分別する余裕などなかった。そんなことをしていたら、いつになったら部屋をあけられるかわからない。太郎は「へぇ、そうやるのか」と感心しながら、ラーメンどんぶりを片付けたりしている。

第五章

最後に、私たち家族

そのとき、原口さんは、太郎の下宿にあった茶碗を見て、趣味のいいものが多いと思ったそうだ。考古学を専攻する彼は茶碗には目利きである。そこで、割れないように丁寧に新聞紙で包もうと思い、おそるおそる尋ねたという、「新聞紙、ある?」と。すると太郎は、冷蔵庫が入っていた大きなダンボールを指さしながら、満面の笑みを見せた。背の高さほどの箱には、新聞紙がぎゅうぎゅう詰めで入っている。このアパートに住み始めて以来、一度も新聞を捨てていなかったらしい。それにしてもおそるべきは新聞紙。ちりも積もれば山となる。新聞は半年溜まると人の背丈ほどにもなる。

もっとも、引っ越しには便利だ。そのために溜めていたわけではないだろうが、原口さんは遺物を扱う丁寧さで、ひとつひとつ茶碗を新聞紙で包んでいった。

絶望から始まった引っ越しだったが、作業は少しずつ進んでいった。三人の間にほんわかとした空気が漂い始めた。「しょうがないな」と愚痴りながらも、部屋の中はぐんぐん片付いてきたからだ。

世の中そうは甘くない。太郎が「じゃ、みんなで運ぶか」と言ったのだ。二人は耳を疑った。二〇〇メートル先のマンションまで、すべての家財を手で運ぶというのか。ましてや、アパートにはエレベーターがないのだ。

冷蔵庫や洗濯機を手で、それも階段で運び降ろすつもりらしい。そんなこと可能なのだろうか？　しかし、たとえ不可能でも、やらなくてはならない。「何を考えてるんだ」と怒鳴りたいところだが、太郎は「うっかりしてたなぁ」と、言うばかりで、役に立たない。

　原口さんは「俺はあのとき、逃げなかったのを本気で後悔した」と、語った。しかし、それでも若さとはすごいものだ。三人は冷蔵庫と洗濯機を四階の部屋から一階まで降ろした。すべて階段で。再び言いたい。そんなこと可能なのだろうか？　何かの間違いではないかと私は怪しんだが、他でもない、原口さんの話である。本当のことなのだろう。

　さて、それからが問題だ。冷蔵庫を道に置いたままにしておくわけにはいかない。しかも中には卵や肉が入ったままなのだ。電源を抜いてしまった今、一刻も早くマンションに搬入しなければならない。

　太郎だけが「大丈夫だよ」と、一人で余裕をかましている。もうこの頃になると、原口さんは口をきくのも大義で「この状態のどこが大丈夫なんだ」と思ったが、言わなかったそうだ。

　ところが、本当に「大丈夫」だったのだ。東京から、もう一人の助っ人がやって来た。太郎の中学からの友達である。東京に住んでいるというのに、名古屋にいる太郎を何かと気遣ってくれる心底優しい人だ。おまけに、大工仕事も車の運転も何でもできる。

彼も太郎を知り尽くしていた。「こういうわけで引っ越し屋さんを雇っていないんだけどさ」と伝えると、絶望したりもせず、逃げ出そうともせず、「そんなことだろうと思った」とケラケラ笑った。そして、どこで何をどうしたのか知らないが、軽トラックを借りてきた。みんなでふうふう言いながら、運び降ろした家財を全部載せると、彼が新しいマンションまで運転してくれた。

「どんなに助かったか。俺、心底、感心した。あの人すごいよ」と、後に原口さんは語った。

まさに後光が射して見えたのではないだろうか。

いざというときに駆けつけてくれる、こういう友達を持っている太郎は、やはり幸福な人なのだろう。

「太郎ってさ、なんかほっとけないとこ、あるのよね」と皆は語るが、確かにその通りかもしれない。

だが、本人がそれに気づいているのかどうか、それがよくわからない。それが三浦太郎というヒトなのだ。

太郎の三度目の引っ越し

三度目の引っ越しは、一九八五年のこと。

名古屋のマンションから神戸のマンションへの引っ越しだ。息子の太一も生まれていて、二才半のいたずらざかりだった。太郎は二八歳になっており、いたずら盛りではなかったが、相変わらず引っ越しには役に立ちそうもなかった。

今回の引っ越しは、我が家には幸福への階段を一歩上るような意味があった。それというのも、長きにわたる大学院生活を終え、無事に就職先が決まっての引っ越しだったからだ。本人の努力と幸運によって、太郎はとうとう人類学でご飯を食べるという生活を手に入れたのだ。勤務先は兵庫県の尼崎市にある英知大学だった。そのため、住み慣れた名古屋を離れ、神戸に引っ越すことになった。

私はテレビのCMで見たことがある引っ越し屋さんに連絡して、係の人がくれた引っ越しの手順を見ながら、せっせとダンボールに物を詰めていった。物を増やさないつもりだったが、それでも、知らないうちに雑物がたまり、特に本は膨大な量になっていた。これは早めに準備をしないと、悲劇の引っ越しとなる。私は張り切っていた。

第五章
最後に、私たち家族

　毎夜、太一が寝静まるのを待ってから準備を始めた。張り切りすぎて鍋や食器まで早々と詰めてしまい、ダンボールから取り出しては使い、またしまうなど、数々の失敗を繰り返してはいたが、準備は順調に進んでいった。

　この頃、太一はなかなか寝なかった。幼いながら家の変化に気づくのだろう。それにダンボールだらけの家は、二才児にとっては天国である。せっかく詰めても太一が掘り返すの繰り返しだった。

　仕方がないので、私はおんぶしてせっせと働いた。あまりにも本が多く、積み上げたダンボールが崩れてきたら危ないからだ。私は必死だった。

　そして、引っ越し当日。今回はちゃんと頼んであったので、引っ越し屋さんがやって来た。プロとはすごいもので、レンガのように重いダンボールをあっという間にトラックに載せていく。

「重くてすみません」とあやまると、「すごい本だね。でも、家具がほとんどないから、大丈夫ですよ。楽勝っす」と、笑っている。そして、「これ、会社からのサービスです」と、お菓子の箱を差し出した。外にのし紙が貼ってあり、「ありがとう」と「よろしく」と書いてある。それぞれ二箱ずつあった。

「ありがとう」は今までお世話になった名古屋の方にお餞別として渡し、「よろしく」

は引っ越した先でご近所に渡すのだと言う。私は感心した。お世話になった方のお礼にと、太郎があらかじめワインを買っておいてくれたが、少し数が足りないかなと気にはなっていたのだ。

さすがプロは違うと、安心して作業に没頭していたのだが、それから数時間後、ご近所に配ろうと思っていた「ありがとう」の箱がない。目のつくところに置いてあったのに、どこにもない。必死で探していると、太郎が言った。「暁子、あの煎餅、むちゃくちゃうまいぞ。お前も食べなよ。ピーナッツ煎餅だ」

それまで気を張って采配を振るっていた私は思い切り脱力した。「あれはお餞別なの！　自分で食べてどうするの」と言うと、一応、「あ、ごめん。知らなかった」とあやまってはくれたが、凝りもせずムシャムシャポリポリ、まだ食べている。悔しいので、一枚もらうと、それは確かにおいしく、結局、夫婦で「ありがとう」の箱を全部たいらげてしまった。

太郎は「そもそも味見もしないものを渡すのは間違っているだろう？」との意見だ。けれども、だからといって、二箱も食べてしまっていいというわけではない。小言を言いたいところだが、自分も食べた負い目があり、私は無言を貫いた。くたびれて、それどころではなかったのだ。

第五章

最後に、私たち家族

いよいよトラックが名古屋のマンションを出るとき、私は涙ぐんだ。荷物が出払い、がらんとした部屋は思いがけなく広く、タンスが置いてあった床が奇妙に綺麗なのにも驚いた。切なくて、寂しかった。

様々な思い出がわき上がってくる。

結婚してここにやって来た日のこと、夫婦喧嘩して出て行こうと思った日もあったこと、赤ちゃんができたと知って本当に嬉しかったことなど、五年間の思い出が一挙に押し寄せてきた。私はこの部屋で妻になり、母親になったのだ。そう思うと、心底なごりおしかった。

名古屋で知り合った人たちが、かわるがわる挨拶に来てくれたことも、私の名残惜しさに拍車をかけた。ますます私は去りがたい思いにかられ、そして、「ありがとう」を全部食べてしまったのを再び後悔した。あのおいしいピーナッツ煎餅を配るのに、今が最高にふさわしいときだったというのに。

皆と別れを惜しみ、ふと気づくと、部屋の中に、太郎がいない。きっとどこかで感傷にふけっているのだろう。彼はここで、一二年の歳月を過ごしたのだ。私以上に感慨深いに違いない。東京から一人で名古屋にやって来て、初めての一人暮らしを経験し、人類学者になろうと懸命に努力した。悩み多き大学院生生活を経て、結婚し、まだ学生なのに父親となり、就職活動を経て、運良く大学の先生として赴任する。

すべては、今や空き家になったこの部屋で起きたことだ。一八歳から三〇歳までの思い出がつまっている場所と別れのときが来たのだ。もしかしたら、どこかで隠れて泣いているのかもしれない。

結婚して初めてこの部屋に入るとき、私たちはバタバタと入ってしまった。かねてより憧れていたお姫様だっこしながらの入室もなかった。しかし、出るときくらい、親子三人、手をつないで出て行こう。そして、新しい生活にふみだそう。少々、芝居がかっているが、私はそう思った。

だが、しかし。

太郎の姿がない。

肝心なときにいつもどこかに行ってしまう……とプンプンしながら玄関を出てみると、彼はすぐ前にある非常階段に座っていた。私に気づいて振り向くと、「早く行こうよ」と、ぶっきらぼうに言う。別れを惜しまなくていいのだろうか。私など感無量になっているのにと思ったが、彼は早く出発しようとクールな対応だ。

私は拍子抜けしつつも、神戸に向けて車を出発させながら、「新しい毎日が始まるね」

と言った。それなのに太郎は、「何時に着くかな」と、あくまでも現実的だ。

本当に名残りおしくないらしい。


神戸の家への搬入は、引っ越し屋さんのおかげですぐにすんだ。「おかげさまで早く終わりました」とお礼を言うと、リーダーの人は、「ご主人さんが指示してくれたし、荷物もきっちり詰めてあったから、助かりましたよ」と笑顔を見せた。

ただし、リーダーの言う「ご主人さん」が太郎のことだったのかどうか、今もってよくわからない。というのも、手伝いに来てくれた太郎の友達の川崎君が本当に有能で、引っ越し屋さんにてきぱきと指示を与えてくれていたからだ。彼は太郎の大学院の後輩なのだが、「先輩のためですから」と、引っ越し当日に名古屋の家に来て、そのまま神戸まで一緒に来てくれた。川崎君は子供好きで太一をとても可愛がってくれた。太一も彼を慕い、「パパ」と呼ぶようになっていた。だから、引っ越し屋さんが川崎君こそが家の主と勘違いをした可能性は大きい。

このときの引っ越しには、思いがけない助っ人が他にも三人現れた。太郎の大学時代の後輩の美女とそのお母さまがやってこられて、助けてくださったのだ。たまたま、神戸の同じ町内に住んでいらしたため、ご近所になるからと助けてくださったのだ。

感動するほどの働きぶりだった。

さらに、義父の三浦朱門が突如、現れたのにもたいそう驚いた。小さな子供を連れての引っ越しは大変だろうと、わざわざ東京から来てくれたのだ。「関西で仕事があったから、ついでだよ」とのことだったが、心配のあまり駆けつけたのだろう。

そして、家の中を駆け回っている太一を見ると、義父は「やっぱり」という顔をして、ドライブに行こうと誘い出した。ダンボールで遊ぶのに飽きていた太一は、大喜びでついて行き、あちこち見物して回り、おもちゃまで買ってもらってご機嫌だった。

義父は見物の達人である。普段から、散歩に行くと言っては町を見に行く。その日も神戸の町を歩き、私がまだ知らないところへも行ってきたようだ。引っ越してきたばかりの私は、神戸には高架下と呼ばれる場所があることさえ知らなかった。義父と太一はそこで至福のときを過ごしたらしい。

しばらくして、二人が遊びに行ったのは元町の高架通商店街と呼ばれる場所だとわかった。JR神戸線（東海道本線）の元町駅と神戸駅の間にあり、上を電車が走っている場所だ。かつての闇市が発展して商店街になったと聞くが、なんともいえないムードがあり、魅力的な小さなお店がたくさん並んでいる。義父はそこでジェームズ・ディーンが映画で喧嘩に使っていたバタフライナイフを売っているのを見て、驚愕したと言っていた。

　太一も神戸の高架下が好きになり、小学生になった頃にはナイフが大好きな少年に成長した。このときの散歩が影響したのかもしれない。たった半日で、義父は孫に神戸を教え込んだようだ。その影響力を思うとたいしたものだなと感じる。

　ところで、今度こそはと死守していたピーナッツ煎餅「よろしく」二箱を、太郎はまた全部食べてしまった。おいしいとわかっているのだから、転居先のご近所に渡そうと思っていたのに、「腹が減った」とあっという間に包装紙を引き破り、食べてしまったのだ。

　あれほど引っ越しのための贈答品だと言いふくめたのに。私はがっかりした。しかし、そんな私の気持ちなど意に介さず、太郎は「俺、自分で自分にありがとうと言いたいし、引っ越し先では自分で自分によろしくと言いたいんだ」と、言い張る。

　私が再び、思い切り脱力したのは言うまでもない。

結婚式で靴が壊れた

　今でも思い出すと笑ってしまうことがある。

知り合いの結婚式に出席したときのことだ。

それまでも何組かの結婚式に参列してきた。それぞれに思い出深いが、このときの式は特別だった。神戸から軽井沢まで泊まりがけで出かけ、式と披露宴に参加することになっていたからだ。私は軽井沢には高校の剣道部の合宿で行き、暑中稽古でぶっ倒れそうになった思い出しかないので、最初は「軽井沢かぁ」と、少し憂鬱だった。けれども、太郎は旅行気分で楽しみにしていた。新婦とは家族ぐるみでお付き合いしていたので、太一もお招きを受け、一家三人、大騒ぎで出かけた。

太郎はいつものように「結婚式セットね」などと命じて、涼しい顔をしている。人類学者なので、海外の礼装や軍服には唖然とするほど知識があるのに、いざ自分のこととなると、何を着て行くべきかまったくわからないヒトなのだ。

私はいつものように白い箱を出した。そこには結婚式で着るスーツとワイシャツ、白いネクタイと、靴下、サスペンダーにふくさなどが入っている。シワにならないようにスーツケースに入れて、これで準備完了！　と思い、悦に入っていると、太郎が「靴も入れておいてよ。軽井沢までは運動靴で行くから」と言う。下駄箱を開け、並んでいる革靴から一番、綺麗なものを選び、ブラシをかけて荷物に入れた。

太一はそのとき中学生だったが、手のかからない子で、自分で服装を整え、きちんと鞄に詰めていた。革靴も自分で磨き、靴袋に丁寧に入れている。私は「たいしたもんね」と感心したが、太郎は「俺が教えたんだ」と、威張っていた。確かに、常日頃から礼装についていてさかんに話題にしていたので、それはうそではなかった、ということにしておこう。

無事、軽井沢に着き、おのおの着替えをした。太郎は電光石火の早業で、カジュアルなおじさんから、びしっと決めた結婚式に参列する先生に変身し、早くしてよとせかす。何ごともスローな私は、まだお化粧の半分も終わっていないのにと、焦りながらマスカラを塗った。

太郎は「何してるの。いいよ、アイメイクなんか。暁子が結婚するわけでもないだろ」とたたみかけ、焦らせる。何ごとにも大人の太一が、「女の人はさ、用意に時間がかかるんだよ」と諭し、ようやく三人で部屋を出た。

緑の中の道を歩いて、チャペルまで行った。時間はまだたっぷりあるし、のんびり散歩を楽しんだのだが、珍しく太郎の歩みが遅い。政治家が牛歩戦術しているかのようだ。

今度は私が滅多に言わない言葉を吐いた。「遅いわよ。どうしたの?」。そのときの太郎の顔を、私は今も忘れられない。それは結婚して初めて見る「情けない顔」だった。太郎は家族の前でそういう顔をしない。

心配になって、私は聞いた。「具合悪いの？　足が痛いの？」

すると、太郎は神妙な顔で「足は痛くない。ただ……」と言いよどむ。いったい何が起こっているのだろう。あんなにこの結婚式に出席するのを楽しみにしていたのに。

私は胸騒ぎがしたが、何も教えてくれないのだから仕方がない。いつになくゆっくりとしたペースで三人はチャペルに到着した。太郎は座ったまま、珍しくもの静かなままだった。

美しい式が終わり、写真撮影の会場に移動するとき、とうとう秘密が明らかにされた。久しぶりに履いた靴の調子が悪いのだという。驚いて彼の足元を見たが、特に何も変化はない。ちゃんと磨いてきただけあって、靴はピカピカに光っている。

「大丈夫よ。気のせいじゃないの」と言うと、「靴底が崩壊を続けているんだぞ。全然、大丈夫じゃないだろ」と、また不安そうな顔をする。よく見ると、彼の周囲には小さなゴムの塊が散らばっているではないか。

「うっそ」と私は思ったが、うそではないとすぐにわかった。太郎が靴を持ち上げて見せてくれたからだ。確かに、靴底が所々なくなっていて、靴下がすけて見えている。この分で行くと、撮影会場に到着するまでに底は全部なくなるだろう。

そんなことが起こるとは思っていなかったので、替えの革靴などは持ってきていない。長いこと履かないでいたため、靴底が乾燥して劣化していたのだろうか。もしかしたら、酸のようなものを踏んで気づかずにいたのではないかというのが、太郎の意見だった。

靴底崩壊だけでも驚きなのに、酸を踏んだだなんて、おそろしいったらありゃしない。結婚式のスピーチでは、割るとか、離れるとか、切れるという言葉を使ってはいけないと聞く。縁起が悪いからだ。靴底がボロボロに崩壊したなどと、今日の良き日を心待ちにしていた花嫁に伝えられるはずがない。

だから、私は夫に命令した。「何もなかったように歩くのよ。カスは私と太一で拾うから」と。

太郎も覚悟を決めたらしい。「わかった」とうなずくや、厳かにゆっくりと歩き始めた。その後に続く妻と息子。はためには何ごともないように見えただろう。

まずは写真の撮影を乗り越えなくてはならない。

綺麗な絨毯が敷かれた撮影会場には、整然と椅子が並べられていた。最前列中央に花嫁花婿、その両側に私と太郎が座るように言われた。一応、媒酌人のような役目を負っていたので当然だが、太郎は抵抗する姿勢を見せた。最前列は靴が目立つ。絨毯の上には、既に底の塊が落ちていた。

しかし、太郎は覚悟を決めたらしい。しっかり座ると涼しい顔をしている。ところが、写真屋さんは「ご媒酌人の旦那様、もう少し足を前に、表情も柔らかくお願いします」などと、できるはずもない注文を出す。私は気が気ではなかった。

自分の結婚式のときより緊張した撮影を終え、次はレストランへ移動である。

私は再び「大丈夫？　どこかで靴を買ってくる？」と聞いたが、太郎は「大丈夫、靴底まったくなくなったから。床の上にじかに足がある。歩きにくいが、中途半端にあるよりましだ」と、奇妙に明るい。

レストランでは無事に仏蘭西料理のフルコースを素晴らしいワインと共に味わい、再び緑の道を通った。すると、あちらこちらに靴底のかけらが落ちている。ヘンゼルとグレーテルじゃあるまいし、帰りの目印を残しておいたということか。私はゲラゲラ笑ったが、太郎は「靴底を残して歩いたものの気持ち、暁子にはわかるまい」と、渋い顔で述べるのみだった。

確かに。

私にはわからないし、わかりたくもない。ただ、以来、靴を磨くとき、底がしっかりくっついているかどうかを確認する癖はついた。

それにしても、我が夫はどうしてこんなに騒ぎが大きいのだろうと、つくづく思う。

『太郎物語』のモデル

義母の曽野綾子の小説に『太郎物語』という作品がある。

一九七二年の一月から翌七三年の二月まで「主婦の友」に連載された小説だ。当時、私はまだ高校生で、実家の母がこの連載を楽しみにしていたのを思い出す。

母は「このモデルって、お姉ちゃん（母は私をいつもお姉ちゃんと呼んだ）の高校の先輩じゃない？　すごく面白いから読んだら」と、勧めてくれたが、私はその頃、「主婦の友」をなぜか「まだ早い」と思い、ちらりと眺めはしたが、読まなかった。

母の言葉に従ったならリアルタイムに触れることができたのにと、後悔している。

「主婦の友」の連載は、昭和五一年に単行本として出版され、五四年に文庫化された。

昭和五五年にはＮＨＫ銀河テレビ小説「太郎の青春」としてドラマ化され、広岡瞬さんが主役の太郎を演じた。テレビが放映された頃、私は太郎と結婚して主婦になっており、「まだ早い」と思うことなく熱心に観た。広岡瞬さんはハンサムで、恥じらいがあり、かっこよかった。父親の役が長門裕之さん、母親役が岸田今日子さんだった。

三浦の実家でドラマのことは話題にのぼらなかった。そもそも彼らは自分の作品について、日常生活で話すことはほとんどない。ただし、太郎も義父も自分を演じた俳優さんには興味を持っているらしく、「どっちがかっこいい」とか「俺、似ている？」という質問はしてきた。

まだ結婚したばかりで、不慣れな私ではあったが、もし自分なら何と言って欲しいか考えた末、「どっちもかっこいい。でも、本物の方がいい」と答えた。すると、太郎も義父も「だろう？」と、まんざらでもない様子を見せた。

義母はドラマと作品、そして現実の生活は、それぞれに異なるものと考えているようだった。「岸田今日子さんて、私と似てる？」と聞いたりはしなかった。

私は「太郎の青春」というドラマを楽しんで見た。自分の結婚した相手がモデルだと知ってはいたが、まったく違う人だとわかっていたので違和感はなかった。それに主人公の太郎が青春ドラマにありがちなスーパー高校生でもなく、かといっていじめられっ子でもない、ごく普通の高校生であることに惹かれた。

小説なのだから、何か事件が起こったり、許されない恋愛をしたり、家庭が火宅だったりと、ドラマティックな展開をこめて書くことも可能だったろう。けれども、『太郎物語』の太郎は、高校生の多くがそうであるように進路に悩み、そこはかとない恋をし、偏差値にあわせて自分の将来を決めることに疑問を持ったりしている。主人公が等身大の存在だからこそ、多くの人が共感を持ったのだろう。

ただし、主人公の太郎がごく普通のサラリーマン家庭に育った男の子ではなく、父は大学教授、母は翻訳家という設定になっているのを面白いと思った。モデルとなった父の三浦朱門は元大学教授で、後に作家専業となった人であり、母の曽野綾子は作家だ。この設定があったからこそ、太郎物語の主人公は、三浦朱門・曽野綾子のひとり息子の太郎に限りなく近づいて感じられるのだろう。

私はよく周囲の人から『太郎物語』のモデルである太郎と、広岡瞬さん演じる太郎とでは、どこが同じでどこが違うのかと聞かれた。つい先日も、ある新聞記者に「僕にとって、『太郎物語』は青春の書だったんですよ。ご主人は今もああいう人ですか？」と尋ねられた。彼は、偏差値順に進学先を選ぶのではなく、あくまでも何を専攻するかを優先して地方の大学に進学する太郎の生き方に影響を受けたと、教えてくれた。

確かに、太郎は人類学を勉強しようと、人類学科がある名古屋の南山大学を選び進学した。偏差値でいえばもう少し上の大学にも合格していたらしいが、あくまでも専攻を優先させた。それは本当だ。

ただし、地方の大学を選んだのは、実家がある東京を離れたいという強い思いがあったからだ。両親や祖父母と一緒の暮らしをいったんリセットし、下宿暮らしをしたくなったのだ。

今回、この原稿を書くために、『太郎物語』を読み返してみた。そして、面白いと思った。時が経っても、『太郎物語』は色あせず、古くさい昭和の高校生とも思わなかった。置かれた立場は違っても、やはりそこにいるのは、悩みながらも前進しようとする一人の高校生の姿だ。

太郎にも、『太郎物語』について聞いてみた。自分がモデルとなった小説やドラマがあったことについて、どう思うのか知りたかったのだ。すると、いつものようにあっさりと「別に」とひとこと。果たして、それが本心なのかよくわからないが、何度聞いても、答えは「別に」なのだ。

小説を書くにあたって、義母は太郎に正式に取材申請をしたという。お礼も払い、陸上競技の試合に出たシーンを書くために、代々木陸上競技場などにも一緒に出向いたそうだ。太郎は熱心に協力したに違いないと思うのだが、答えはいつも気の抜けたような「別に」だけだ。

子供の頃から作家の息子であった彼にとって、自分をモデルとする小説があっても、それを特別なこととは思わないということなのだろう。

これまで「『太郎物語』の主人公の奥さんになっての感想は？」と、何度も聞かれた。発売されて五〇年近く経つ小説なのに、その影響力に驚く。

時々、「物語の中に出てくる太郎が恋心を抱く五月さんのモデルは、暁子さん、あなたですか？」とも聞かれる。太郎とは違い、私は「別に」とは答えない。私をモデルにした登場人物はいないとわかっているからだ。私は義母から取材を受けたことはない。彼女は私たちの結婚生活を小説に使うために取材させて欲しいとは言わなかった。

『太郎物語』は、青春編から大学編と続く物語だが、結婚編はない。だから、私は永遠に登場しないのである。

作品とは作家の子供のようなものだと言われる。『太郎物語』の場合、現実の息子を物語の中の息子として作り直している。だから、どこを読んでもそこにあるのは、作家にとってのマイ・タロウである。そして、読者は物語のタロウに自分を重ねて、それぞれのマイ・タロウを作り上げていくのだろう。

シンガポールにお引っ越し？

一九九一年、両親がシンガポールにマンションを購入した。寒さに弱い義母が老後をシンガポールで過ごしたいと考えたようだ。南の島へ移住することによって、新しい毎日を手に入れ、作品に反映させたいという思いもあったのかもしれない。

幸い、家族ぐるみで仲良くしていたシンガポール在住の友人もいた。その方はとても親切にあれこれと世話を焼いてくれたので、不動産探しは比較的スムーズにいった。

マンションは古い建物だったが、それだけに趣のある物件だった。ただし、居抜きで買うのが条件で、内装などはすべて自分たちでいちから行わなければならない。言葉の通じにくい海外で大きな買い物をし、業者を呼んで、電気製品や家具などをそろえる。私だったらそのストレスに耐えられないと思う。騙されたらどうしようとビクビクした挙げ句、シンガポールに部屋などなくてもいい、ホテルに長逗留すればいいと考え、購入を断念したいに違いない。

それなのに、両親は楽しそうにマンション選びを続けていた。人まかせにすることもなく、わざわざシンガポールまで物件を見に行ったりもしていた。私はその行動力に驚いた。忙しい毎日をやりくりして、飛行機で七時間もかかるシンガポールの部屋を見に行くなんて、私など考えただけで疲れる。それもインターネットのない時代である。飛行機やホテルを手配し、指定された部屋を見て、買うか買わないかを決めるのだ。

ある日、マンションを見るためシンガポールに出向いていた両親から、電話がかかってきた。下見に行った部屋を買うのをやめたという知らせだった。床の大理石の模様が黒白の市松模様になっているのが気にいらないという。おそらくはとてもモダンな仕様なのだろう。価格は適正だったものの、床の模様が目に突き刺さるようで住むことはできないと言うのだ。

わざわざシンガポールまで出かけて行きながら、何も買わないで帰ってくる。私はそのことに驚いた。不動産など購入したことのない私には、何が何だかさっぱりわからない。床の模様など、絨毯を敷くとか、床を張り替えたらすむ話だ。もっとも、大理石の床の張り替えは大仕事だ。おまけに、義父と義母は、「モダンな床を好む人が住む方がいいから、縁がなかったと考えた」と言う。それを聞き、不動産の選び方についても、私と両親とでは年季が違うと思い知った。そもそも私は社宅で育ち、床の模様が気にいらなくても、畳のへりに金色の飾りがあろうとも、文句を言わずそこに住むしか選択肢のない生活を送ってきた。それはそれで気楽だし、いつかはここを去るのだとわかっていたので、家に対する執着があまりなかった。

けれども、三浦の両親は自分たちで家を選び、メンテナンスを繰り返してきた。私とは住むところに対する思いがまったく異なる。

それに、作家という職業は家で仕事をする、いわゆる居職である。忙しいときは、朝から晩まで家にいるのだから、普通のサラリーマンにはあり得ない暮らしである。けれども、まったく外出しないかというと、そうではない。取材のために、あちらこちらに出かけて行く。書くという行為は、出すものと取り込むもののバランスを取らないと行き詰まるものだろう。外へ出ているときに、ふとアイディアが浮かぶことが多い。

取材というほど大げさなものではなく、ただ町歩きをしたり、映画や芝居を観にいくことが必要だ。新しい経験が創作につながる。

義母が海外に一年に何度も取材に行くのは、もちろん作品に必要だからだ。しかし、それだけではない。新しい環境に自分をぶちこむ必要があるためだと私は思う。

海外で一緒にいるとき、義母はよく「今日はよく遊んだわ」と言った。私からすると、本屋に行ったり、人と会って話を聞いたりと、忙しそうで、とても遊んでいるようには見えなかった。しかし、今にして思うと、義母にとって「遊ぶ」ことは「生きる」ことであり、それが仕事につながっていくだけなのだろう。

ところで、シンガポールのアパートは私たち夫婦が見に行って決めることとなった。ちょうど東南アジアを旅行中だった私たちは、良さそうな物件が出たので、帰国する前に新しい部屋を見て確認するようにと、両親に頼まれたのだ。もっとも、私は決める眼力も権利もないと思っていたから気楽なものだったが、太郎は家主に色々質問したり、マンション全体を眺めたりと、息子としての責任を果たしていた。ひとり息子も大変だなと、私は人ごとのようにただ見ていた。

その夜、夫がシンガポールのホテルから両親に電話をかけ、「まあ、いいんじゃない。条件も合うし。なかなか良い部屋だったよ」と報告するのを他人事のように聞いていた。すると、急に受話器を渡されたので、狼狽した。私など出る幕はないと思っていたからだ。

おそるおそる電話に出ると、義母と義父は「床はどうだった？　黒と白のモダンな柄じゃなかった？」と聞いてくる。答えようとして絶句した。きょろきょろあたりを見回したつもりだが、不覚にも足元をチェックするのを忘れていた。これではなんのためにシンガポールまで来たのかよくわからない。

必死で記憶を呼び起こすと、床は大理石で、ピンクに茶色い筋が入ったような柄だったことを思い出した。何とかして状況を伝えようとするが、うまくいかない。すると、彼らは「たとえばどんな？」と助け船を出してくれた。

たとえば、って、言われても。

しかし、次の瞬間、答えていた。「コンビーフみたいでした。それも油が多い、あまり上等ではない感じのコンビーフです。白いところが多いというか」。すると義母の笑い声がして、「コンビーフ、それならいいわ。契約してきて」とのことだった。

そのとき、私がどれほど焦ったか、誰も理解はしてくれないだろう。嫁が床がコンビーフに似ていると言ったから、だからアパートを買うと決めてしまうなんて、無謀である。無謀すぎる。

翌日、不安に満ちたまま、再びその部屋を訪れた私は、床がコンビーフに、それも脂が多いコンビーフに似ていることを確かめ、心の底からほっとした。そして、それから数年間、シンガポールに行く度に、コンビーフ床をモップで掃除しながら、胸をなでおろし続けたのである。

大黒柱

三浦朱門は子煩悩で、息子の太郎をたいそう可愛がった。

しかし、それでも、そこは父親である。猫かわいがりばかりしてはいけない、自分を律しなければと、考えてもいたようだ。女性に囲まれて育つ太郎を心配し、男親として厳しく接しなくてはと、自分に言い聞かせていたことがあると、私に教えてくれたこともある。

そして、男親として太郎にしてやれることを意識して行った。たとえばドライブに連れて行ったり、水泳道場に通わせたり、自転車の乗り方を教えたりした。

さらには、太郎に意識的にうそを言ったりもしたと聞く。

すました顔で義父は言う。

「あるとき、海に怠惰な魚が一匹棲んでいました。泳ぐのが面倒で、海底にあった板の上に寝ているうち、そのままくっついてしまいました。そして時を経てできたのが、今太郎が食べているかまぼこです。だからかまぼこは怠け者がなるんです」というような、でたらめなお話をしてやったと言うのである。

なんだか井伏鱒二の『山椒魚』を思わせるような不気味な話だ。「いくらなんだってそんな話を信じたりしないでしょう？」と、聞くと、人を疑うことを知らない太郎はその話を信じ込んでいたと言うのだから、教育的効果はあったのかもしれない。もっとも、そのうち、太郎も気づいたそうだ。父親の言うことにはでたらめな話がかなり多く混じっていることを……。そして、次第に、いつも「本当かな」と、疑いを持つようになった。

伯母夫婦が東京タワー見物に連れて行ってくれたときにも、「これ、本当に東京タワーなの？　最近は偽物が多いから気をつけなくちゃ」と、のたまう子供に成長した。伯父は「かわいそうにな。小説家の子は、ねじまがって育っちゃうんだ」と心底同情していたが、義父の目的は果たされたと言っていいのではないだろうか。

こうして三浦朱門は、太郎には人の話にはうそが混じっていることを半ば無理やり教えた。厳しい父であろうとしたのだろう。

ところが、孫である太一に対しては、甘いことこのうえない祖父となった。「孫はいいなあ。ただ可愛がってればいいんだから。しつけはあなたたちがしなさい。俺はただ可愛がるぞ」と宣言し、実際にそのようにしていた。

太一が二才半になるまで、私たち一家は名古屋で暮らし、その後は神戸にいた。義

第五章

最後に、私たち家族

父たちはずっと東京だったから、私たちは同居したことはない。だから、私たちが上京すると、義父はほぼ一日中、太一と遊んでいた。普段は狭いマンションで暮らしているためか、太一は東京の家が好きだった。庭もあるし、何よりも、居間にある柱がお気に入りだった。するするとよじ登っては、降りるを繰り返す。義父も最初のうちは、「落ちたら危ないぞ」と心配していたが、あまりにも嬉しそうな太一に何を言っても無駄だと思ったのだろう。柱にしがみつく太一をただ眺めているようになった。太一の柱登りはぐんぐん上達し、天井まで達するようになった。

母親としては、柱から滑落しないかと心配でたまらなかったが、いくら注意しても聞かない。それに、義父がつきっきりで見ているので、まあ、落ちてもどうにかなるのだろうと、あきらめていた。

そのうち、居間の柱は、祖父と孫にとって、特別な意味を持つのだろうと考えるようになり、邪魔をしないようにしていた。

ところが、心配が的中する日が来た。

泣き叫ぶ声が聞こえたので居間に行くと、柱の脇に、顔を思い切りしかめ、うずくまっている太一がいた。柱からすべり降りようとして落下したらしい。

いったいどこを打ったのだろう。頭だったら病院に連れて行かなくてはと思いながら駆け寄る私の右手を、黒い影がサササと通り過ぎた。だ、誰だと思う間もないほどの素早さだった。義父だった。彼は私を追い抜いて太一を抱き上げるや、「どこを打ったのか、ちゃんと立てるか」と、いくつかの確認をしたあと、「骨は折れていないようだ。大丈夫だ」と、言った。

太一は泣きながら「太一君ね、柱にぶつかっちゃったの」と、祖父に訴えている。私はそれみたことかと言おうとして、やめた。義父が本当に顔面蒼白になっていたからだ。そして、「太一は悪くないぞ。こんなところにある柱が悪い」などと言っている。なんということだろう。冷静な義父らしくない反応である。彼は悪いことが起きても、決して何かのせいにしてはいけない、自分で解決すべきだという意見の持ち主だったはずだ。それなのに、「柱が悪い」だなんて。いくら孫が好きとはいえ、甘い、甘すぎる。

私はそう思い、「お父さま、それは間違っています。危ないと注意しても聞かなかった太一が悪いんです」と、柱の味方をしたのだが、義父はまたもや「げげげっ」というような意見を開陳した。

「こんなところにある柱が悪い。そうだ、いっそ切ってしまおう。前から邪魔だと思っていたのだ」

普段のクールな義父はどこへ行ってしまったのだろうか。そもそもこの柱を立てたのは、義父自身ではなかったか。この家は、義父が自らデザインし、大工さんに建ててもらったと聞いている。広い居間を支える柱を切ってしまったら、二階が落ちてきてしまうではないか。

唖然とする私など無視したまま、義父は太一に「ノコギリがどこかにあったはずだよ。探してこようか」などと、言っている。あきれてものも言えない。しかし、同時に笑ってしまった。

結局、さすがの太一も泣くのをやめた。義父は義父で、いつもの冷静さを取り戻し、「もう一度、こういうことが起こったら、そのときは柱を切ってしまおう」と言い、騒ぎはおさまった。

その後も、太一は相変わらず柱登りを繰り返していたが、相当、懲りたのだろう。慎重に登り降りするようになり、落ちないようになった。失敗したら柱そのものがなくなり、大好きな柱登りができなくなると、子供ながらにわかっていたのだろうか。

それから四〇年近くたった今も、柱はちゃんとある。おかげで、家はつぶれることなく、今も我が家を支えてくれている。

ただ、柱の主であった義父はもういない。

自分が死んだら、通夜と葬儀は自宅の居間で、身内だけで行って欲しいというのが、生前の義父の願いだった。太郎はその思いを果たすべく、自宅ですべてが執り行われるようにした。秘書たちに助けてもらいながら、準備万端整え、私たち夫婦は義父の願いを果たすことができて、ほっとした。

通夜と葬儀の間、あまりの忙しさに、私は柱の存在など忘れてしまっていたが、すべてはその柱の前で行われたことに、葬儀の晩、気づき、少し泣いた。「切ってしまうぞ」と言ったときの義父の顔も思い出した。

そして、今、義父の遺影は柱の前にある飾り棚に飾ってある。義父亡き後、私は一ヶ月に一度、東京に義母の顔を見がてら用事を片付けに行くが、その度に、義父の写真にちょっと触り、挨拶をし、飾られた花を眺めたりする。

そして、「切ってしまえ」などと言われながらも、辛抱強く家を支え続けている柱をなんということなく触ってみる。そして、「お父さま、あなたを相手に柱登りばかりしていた太一も今は父親になりましたよ」と、報告する。

考えてみると、この柱は五世代にわたる家族とかかわってきたことになる。東日本大震災のとき、家はかなり揺れたというが、天井が落ちたりはしなかった。柱が守ってくれたおかげだ。

今もなお、私たちはその柱の周囲で、怒ったり、笑ったり、悲しんだり、喧嘩したりしている。だから私は思うのだ。この柱がすべてを知っていると。

私たち家族の歴史は、これからも続いていく。目の前にある柱がいつまで私たちを支えてくれるのか、誰にもわからない。しかし、たとえ柱そのものがなくなっても、この柱の近くで大騒ぎで暮らした記憶が消えることはないだろう。

今はもう会うことができない祖父母や義父だが、時としてすぐそばにいるように感じて胸を衝かれることがある。そのとき感じる独特の懐かしさは、言葉で言い表しようもないほど強い思いだ。血のつながっていない彼らに対して、ここまで強い感情を自分が持つようになっていることを不思議に思う。

「げっ！」と驚きながらも、私は家族から実に多くのことを学んだ。これぞ結婚の産物である。

あとがき

子供の頃から、周囲の人に「大丈夫？」と尋ねられてばかりいた。走って転ぶと「大丈夫？」、テストが終わるや「大丈夫？」、海水浴に行ってもいつも言われた。「大丈夫？」と。なぜそんなにも心配してもらえるのか自分でもわからない。ありがたいとは思うものの、私はそんなに頼りなく見えるのだろうかと思ったりもした。

そこで、「どうしてそんな風に聞くの？」と尋ねてみると、「何だか顔色が悪いし」とか「時々、ひどく思いつめた顔するから」という答えが返ってくる。なかには「だって転んだまま動かないんだもの。心配にもなるよ」と言う人もいた。振り返ってみると、私はいつも「大丈夫じゃない」と答えたくなる状態にあり、そんな自分を恥じながら暮らしてきた。

七年前、夫の太郎が病気になったときも同じ言葉をかけられた。医師は私たち夫婦を前に病状を明確に伝えたあと、「今から検査のために患部を一部、切り取ります」と言い、てきぱきと準備を始めた。その後ろ姿を見ながら、私はお願い事をした。「一緒に検査室に入り、付き添って見ていてもいいですか？」と。すると彼はふりむくや「かまいませんよ」とうなずいたあと、病人である主人ではなく、私に向けて聞き慣れた言葉を言い放った。「大丈夫ですか？」と。

自分を大丈夫だと思ったことなどほとんどないくせに、私はこのとき「大丈夫です」と元気よく答え、本当に大丈夫だった。夫婦で闘えば夫は元気になると信じることができたのも、この検査がきっかけだ。根拠のない自信が体中に満ちてくるのを感じながら、「大丈夫、わたしたち」と思ったのを今もよく思い出す。

そして、それから七年が経った。その間、夫は何度も手術を受け、化学療法や放射線などの治療を繰り返したが、今も元気でいる。入院中も雄々しく闘っていた。元々、我が家は体育会系の家庭だったので、それまでの日常と変わりがないと私は思った。

それでも時には彼が少し弱気になり、「俺、大丈夫かな」と言うときもあった。その度に私は自信を持って「大丈夫」と答えることができた。自分が同じ問いかけを受けたら断言できないくせに、それどころか「大丈夫じゃない」と答えるに違いないのに、家族のこととなるとなぜか自信を持てる。

なぜだろう。

不思議である。

自分でもよくわからないが、この自信は結婚してから得たものだ。

結婚した頃、私は何もかもに自信を持てずにいた。社会の荒波に揉まれた経験もなく、苦労知らずだった。「大丈夫？」と優しく気遣ってくれる人に囲まれて育ち、そのまま大学の卒業も待たずに結婚してしまった。まだ若くて、物事を深く考えていなかったのだ。

しかし、結婚するや、さすがの私も焦った。いくら何でも、もう少し覚悟を持って結婚するべきではなかったか。年齢こそ成人していたが、何の特技もなく、家事もできず、一人で何かを決めることもできなかった。お茶碗を買うのも、牛乳の配達を頼むのも、新聞を取ることですら、何もかも夫に聞いてからでないとできない妻だった。夫の家族ともうまくやっていけるか心配だった。

それでなくても、嫁は外から侵入したエイリアンのような存在だ。少なくとも私はそうだった。実家と婚家は職業も生活習慣も食事のスタイルに至るまで、何もかもが違っていたからだ。私は驚きながら立ち止まり、口ごもり、「どうしよう」とうろたえた。

そんな私に対して、新しく家族になった夫の両親や祖父母は度々「大丈夫？」と尋ねた。彼らからしたら、半人前の私を見て、そう聞かずにはいられなかっただろう。

そもそも私自身が自分に問うていた。

「大丈夫なのか？　わたし」と。

結婚して四〇余年が経った今、私は毎日を元気に生きている。家族が病気になったり、祖父母や義父が亡くなったり、大きな悩みを抱えて立ち往生したりしたが、それでも何とか大丈夫と思いながら毎日を送ってきた。いつも周りの人たちが助けてくれたからだ。

だから、これからは周囲の人に「大丈夫？」と聞く人になりたい。そして、「大丈夫じゃない」と言う人がいたら、できる限り助けたい。結婚し、新しい家族を持ったことで、私は「大丈夫なわたし」を手に入れることができたのかもしれない。そして、私は聞かれる側から聞く側になったと信じたい。

もちろん、結婚は今も現在進行形で続いていて、明日、何が起こるのか、本当に大丈夫なのかわからない。けれども、たとえ大丈夫ではないことが起きても、何とか乗り越えて、毎日を過ごしていきたいと思う。行く先がわからないからこそ、人生は面白いのだから。

この本ができたのは、ビジネス社の山浦秀紀さんの力である。尻込みばかりしている私を励ましてくださったことに感謝の気持ちを伝えたい。ありがとうございました。

二〇二三年五月二一日

三浦暁子

＜著者略歴＞

三浦 暁子（みうら あきこ）
エッセイスト・作家。1956年、静岡県生まれ。上智大学文学部卒。在学中に、曽野綾子と三浦朱門の長男・三浦太郎と結婚。その後、エッセイを書くようになり、現在に至る。神戸新聞紙上で「文芸エッセー」選者をつとめるほか、「のじぎく文芸賞」選者、ウマ科学会の雑誌「Hippophile」編集委員をつとめている。
著書に、『テーマは愛』（海竜社）、『一人息子と結婚して』（講談社）、『家族はわかり合えないから面白い』（三浦朱門との共著、三笠書房）などのエッセイ作品のほか、『ソメスサドルの挑戦 炭鉱の町から世界へ』（河出書房新社）、『ボルネオの白きラジャ ジェームズ・ブルックの生涯』（NTT出版）、『梶本隆夫物語 阪急ブレーブス不滅の大投手』（燃焼社）などのノンフィクション作品がある。

太郎の嫁の物語

2023年7月1日　第1刷発行
2024年1月1日　第2刷発行

著　者　三浦暁子
発行者　唐津 隆
発行所　株式会社ビジネス社
〒162-0805　東京都新宿区矢来町114番地 神楽坂高橋ビル5F
電話　03(5227)1602　FAX　03(5227)1603
https://www.business-sha.co.jp

〈装幀・本文デザイン〉藤田美咲
〈本文組版〉エムアンドケイ　茂呂田剛
〈印刷・製本〉中央精版印刷株式会社
〈営業担当〉山口健志
〈編集担当〉山浦秀紀

ISBN978-4-8284-2520-7